エッサッサ）
時計廻り、歌から踊り始める

①この踊りにかぎって、初めの一回だけ左足後ろに引き、右足浮かして左足に引き寄せる。
②右足円心に一歩だし、左足浮かしそろえる。
③左足後ろに引き、右足浮かして引揃える。
＊②～③を４回繰り返す
④右足から円心へ三歩進み、四歩目の左足を踏み揃える。（両手外巻きにカイグリしながら）
⑤右足引いて両手小山開き（掌下向き）
⑥左足を引いて両手小山開き（掌上向き）
⑦右足を左足に揃えて手拍子一つ。（左足無駄足踏み）
＊②～⑦を繰り返す

郡上踊りと白鳥踊り

白山麓の盆踊り

曽我孝司 著

雄山閣

郡上

【ポスター2016年】

①『かわさき』
②『ヤッチク』
③『春駒』
④『春駒』

白鳥

【ポスター2016年】

⑥
白鳥町の
メイン通りでの
踊り

⑤
野添貴船神社の
『拝殿踊り』

日本三大盆踊り——

郡上おどりとならぶ
西馬音内《にしもない》盆踊りと阿波踊り

西馬音内盆踊り（彦三頭巾）

阿波踊り

公益社団法人 徳島市観光協会

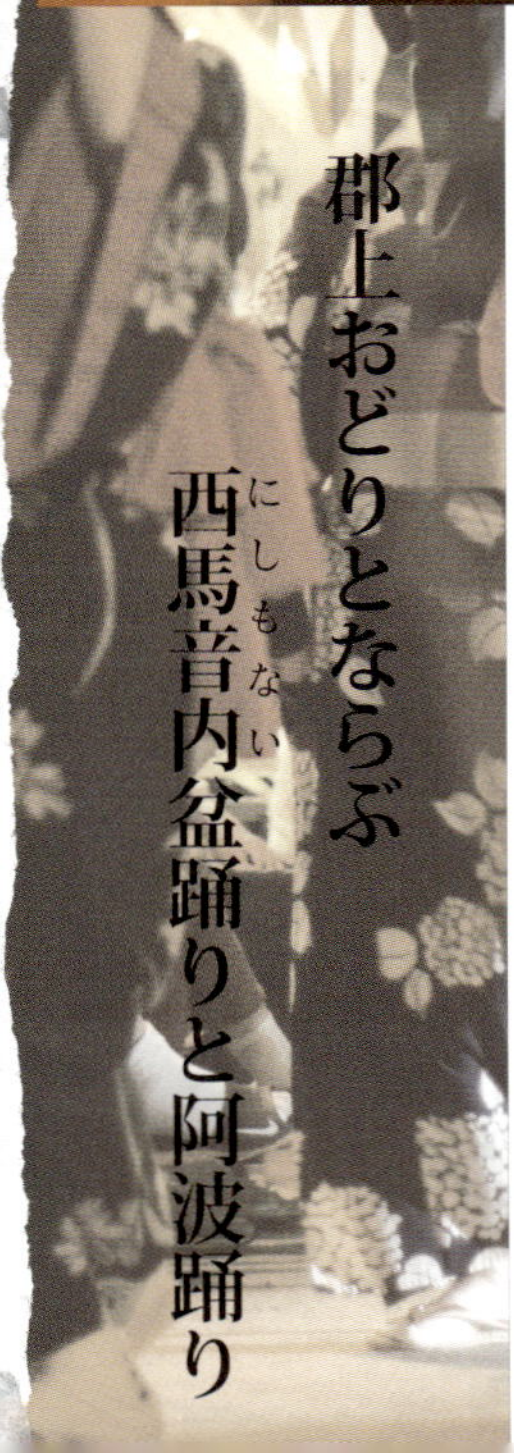

まえがき

お盆の日は全国各地で盆踊りが催され、踊り場となる商店街や寺社の境内には地元の人々、近隣の人々、帰省客、観光客、老若男女の様々な人々が集い、普段と違う賑わいを見せる。踊り場に集う人々はどのような思い出で踊りの輪に加わり、踊っているのであろうか。憩いの一時として、趣味として、先祖供養のため、あるいは友人、恋人との出会いを喜び、いろいろな思いで踊りに興じているのであろう。盆踊りは自ら踊りを楽しみ、踊りを通じて人々と語り合う場なのである。

岐阜県郡上市の二つの町、八幡町と白鳥町では盆の期間に徹夜の盆踊りがそれぞれ盛大に行われ、県内外の多くの観光客で賑わう。一方が城下の町方の盆踊りであり、他方は農村集落の盆踊りに起源を持つ踊りである。八幡町と白鳥町はともに近接した地にあり、盆踊りは江戸時代に盛んとなっているが、それぞれ異なる発展経路を経て今日まで受け継がれてきた。町方と農民の盆踊りが並存し、踊られる地は郡上市を除き全国的にもあまり例がない。踊り日は共に長丁場であり、八幡町の「郡上踊り」は三十二夜、「白鳥踊り」は二十三夜、踊りの曲目はそれぞれ異なるが、誰でも気軽に踊ることができ、服装も多種多様、お盆の三日間は騒然とした熱気に包まれるなど多くの共通項も見られる。

本書は盆踊りの歴史や由緒を知ることは踊りへの愛着をより深め、その知識を皆が共有することは今後の盆踊りの継承と発展の一助になるとの思いから書き上げたものである。お盆に踊る喜びなどの踊り子の内面は書ききれなかったきらいはあるが、本書によって盆踊りへの理解が広がり、興味、関心がさらに深まることになれば幸いである。

第一編　郡上踊り

序章　城下町　郡上八幡

「郡上踊り」の舞台となる岐阜県郡上市八幡町は岐阜市の北方約七十キロメートルに位置し、長良川支流の吉田川と小駄良《こだら》川が合流する地に形成された山間の小さな城下町である。永禄二（１５５９）年、地元の領主遠藤盛数は東殿山《とうどうやま》に砦を築き、以来、江戸時代には郡上藩も置かれるなど八幡町は郡上市の行政、文化の中心地となってきた。

郡上藩の二代目藩主の遠藤常友は寛文七（１６６７）年、八幡山のお城を中心に吉田川を挟んで相対峙する「北町」と「南町」の町割りを行ない、城下を整備している。当時の『城下町図』では吉田川と小駄良川に囲まれた「北町」には南北に三本の道が走り、道路沿いの馬場町（現在の殿町）、柳町には遠藤家重臣を含む四十戸余りの武家屋敷が並び、その屋敷群に近接するかのように鍛冶屋町、職人町、本町、肴町の町屋が置かれていた。三本の道は北は現在の八坂神社付近の天王ガ洞川、南は吉田川の岸壁まで伸び、川によって通行が遮断され、行き止まりとなっていた。

一方、市外から八幡山の山裾を本町方面に向かって一本の道が走り、柳町通り、馬場町通りと鉤《かぎ》型となって交わり、岸剱神社付近で行き止まりとなっている。また、大手門から西に伸びた道は小駄良

川に突き当たり、付近で枡形の広場を形作っている。「北町」は武家とその日常生活を支える職人の居住地域であり、天守台中心に武家屋敷がひしめき合っていた。他方、市外に置かれ武家屋敷は代官町に数戸、天王ガ洞川右岸の越前に通じる道筋に二十戸余り、桜町に十戸余りで各所に点在している。寺社は北方の城外に安養寺、浄因寺、小駄良川の右岸には大乗寺、八幡山の南麓には八幡宮がそれぞれ置かれている。

八幡町の遠景

他方、吉田川左岸に広がる「南町」は宮ヶ瀬付近から一本の道が南東に伸びている。道路沿いの橋本町、塩屋町（現在は橋本町）一帯には町屋が置かれている。一方、「南町」への入り口となる西の枡形からは一本の道が東に伸び、T字路となって橋本町、塩屋町の道筋に突き当たっている。道路沿いの今町、新町には同様の町屋が広がっている。また、東の枡形からも一本の道が西に伸び、町屋の川原町、立町を通過し、願蓮寺門前では橋本町と交差し、井山町（現在は上日吉町）で鉤型となって右折し、大阪町を抜け、新町、今町の道筋に突き当たっている。この付近一帯も同様の町屋が広がっている。「南町」は町方中心の町であるが、東の枡形付近に八戸余りの武家屋敷、御足軽仲間の屋敷、さらには遠藤大助の広大な屋敷も見られる。寺社は慈恩寺、最勝寺、願蓮寺、山王神社があり、それぞれ武家屋敷に近接して置かれている。

郡上八幡城

このように寛文年間（1661～73）の『城下町図』に見る町割りから八幡城下は他の城下町と同様に防衛の要所には武家屋敷を配置し、陣取りに備え寺社を置き、また道筋を鉤型、T字型にするなど合戦を想定し設計された城下町であることがわかる。

また、八幡城は平地に突き出た八幡山に建てられた平山城であり、四方の山々や長良川、吉田川、小駄良川の自然の要害によって防御された城でもあった。関ヶ原合戦から六十年余りを経過した寛文年間、徳川の盤石な治世が到来しつつあったが、遠藤常友は戦乱の不安を抱き、万が一のことを考え防衛を主眼とした町割りを行ったのである。

その後、世情は落ち着き、平和な時代が到来するや八幡城下には各地から町方等の転入が相次ぎ、人口も増え、用水や常夜灯も設けられるなど城下は民政の機能も整備されていった。藩主の城下町整備にかける意気込みを物語る次ような逸話が残っている。「本町の西側には小川屋喜兵衛という人が住んでいて、二階の表窓を格子造りに改造したところ、領主から町振りがよくなったといって米一俵を褒美に与えられた」。

寛文年間、藩主も満足するほど八幡城下は城下町としての様相を示し始めてきたのである。八幡城下は山間の狭い地に形成されたこともあり、今日に至るまで城下の拡張や改修はほとんど行われてい

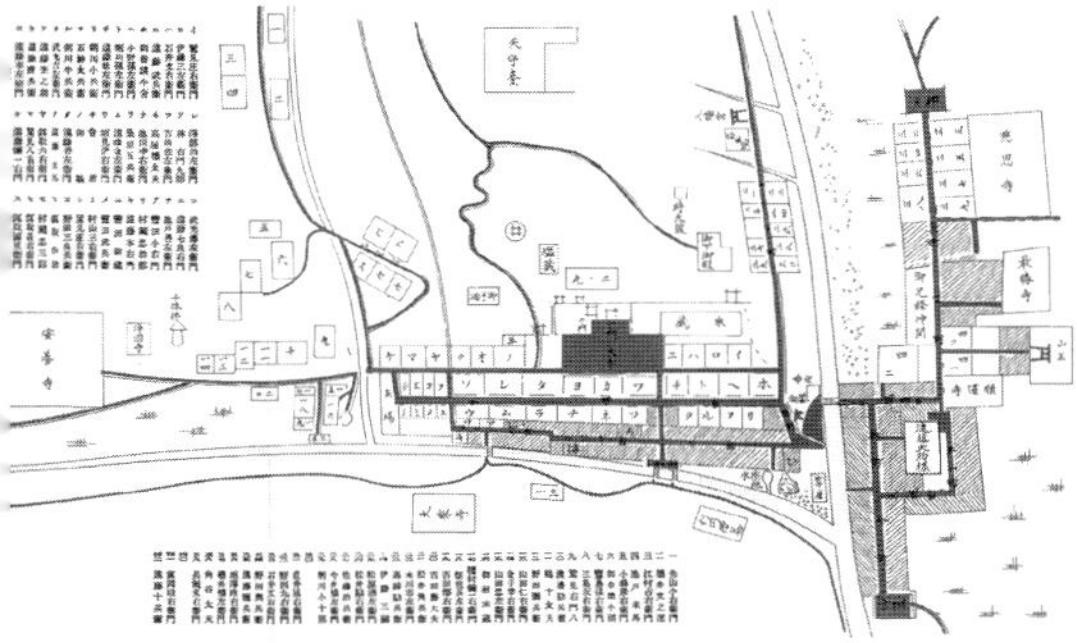

寛永年間八幡城下図『郡上郡史』より

ない。そのため寛文年間の町割りや町筋の町名、寺社、用水、史跡、故人ゆかりの地等がそのまま残り、城下町の風情と情緒が今も息づいている。人の往来もまばらな柳町の武家屋敷の小路は静かで落ち着いた佇まいを見せている。鍛冶屋町、職人町には格子造りや袖壁の町屋が建ち並び、軒下を用水が流れ、消火用のバケツも吊られるなど職人の堅実で地味な生活が色濃く残っている。また、「南町」の川原町、立町付近には米、茶等の日常品を商う商店が軒下を連ね、こじんまりとした商人町の風情が漂う。

一方、町方屋敷がひしめき合っていた橋本町、新町、今町は装い新たな商店が多く立ち並び、城下の商業活動の中心地として往事の面影を伝えている。八幡城下は南北に約千五百メートル、東西に約千メートルと区域が狭く、その範囲内に家屋がぎっしりとひしめき合っている。

城下の人口は五千人余り、一時間も歩けば城外にでる。そこには四季の草花が咲き乱れ、のどかな農村の風景が広がっている。田畑からは司馬遼太郎氏が『街道をゆく』で記した「日本一小さくて、美しい山城」を眺望することもできる。

郡上八幡の城下は周囲の農村とも溶け合いながら日本の古き風景を今日に伝えている。

柳町の旧武家屋敷

第一章　今日の「郡上踊り」

初夏から初秋の風物詩「郡上踊り」

郡上市の夏を彩る「郡上踊り」は七月中旬から九月下旬にかけて三十二夜にわたって踊られる。この期間中、郡上市の自然は刻々と変化し、初夏から初秋にかけての踊り場の四季の移ろいを肌で感じながら踊りを楽しむことができる。

踊りが始まる七月中旬は梅雨が明け、山開き、海開きも行われ、日増しに暑さが加わる時期である。踊り場には温かい夜風が吹き始め、踊り場はまだまだ出足はすくないもの、踊り子は来るべき夏の解放感を予感しながら、浮き浮きとした気持ちで踊るのである。

八月上旬から中旬にかけては暑さは日に日に増すが、朝夕は涼しく、踊りには最適の時期となる。踊りの輪は踊り日を重ねるごとに大きくなり、特にお盆の三日間は屋形を囲む輪は二重、三重ともなって長く広がり、狭い町並みは立錐の余地もなくなる。踊り場は人混みの熱気が充満し、汗が浸たたり落ちるほど蒸すが、時折、吉田川からの冷たい河風が踊り場に吹き込み、踊り子は浴衣の肌を撫でる快い風に、一瞬、えもしれぬ爽快な気分に浸るのである。満月の月明かりの下、白壁のお城を見上げながらの徹夜踊りは音頭、踊り子の囃子詞、返し詞、ゲタの音が山間の静寂に鳴り響き、騒然とした雰囲気で徹夜踊りは進んでいく。そして、天の川が西東に傾き、山間地の冷気が踊り場を包むようになりるや踊りの熱気も冷め、踊り子は三々五々、踊り場を後にするのである。

お盆も過ぎた八月下旬、郡上では朝夕に秋の気配が漂い始める。踊り子もめっきり少なくなり、踊り場には冷たい夜風が吹き始め、初秋の物悲しさを誘う。踊り子は夜寒を肌で感じながら去りゆく夏を惜しみ、心ゆくまで踊るのである。九月に入ると山間地の郡上市には秋風が吹き始める。空気が澄み、湿度も下がり、一年の内で最も夜空が澄み渡る時期でもある。丸い月がくっきりと浮かび、月明かりに照らされた城下町に哀調を帯びた『かわさき』の曲が流れ始めるや、秋の夜の踊り場の悲しさはいっそうつのり、踊り子は得も知れぬ旅愁と哀愁に襲われるのである。長丁場の「郡上踊り」は九月上旬の「踊り納め」をもって今シーズンの終りを告げるのである。

長丁場の「郡上踊り」

「郡上踊り」は三十二夜にわたって八幡城下で行われるが、踊り日の内訳はお盆の盆踊りが四日間、その他は寺社や小祠の縁日に踊られる「縁日踊り」が大半を占めている。「盆踊り」、「縁日踊り」が行われる日時や場所は毎年変わることはないが、「納涼祭」、「商工祭」等の「踊り」は都合に応じて日時がきまる。これらの長丁場の「郡上踊り」は七月の第二土曜日の「おどり発祥祭」の神事と

屋形を囲む踊り子（旧庁舎前）

踊り流しから始まる。七月十六日は八坂神社の縁日、神社は八幡城の鬼門除けとして建立され、天王社とも呼ばれ、災難除去の神として城下の町方にも篤く信仰されてきた。踊りは武家屋敷の面影が今も残る上殿町《かみとのまち》（旧馬場町）で行われ、八幡城下に「郡上踊り」の到来を告げる。七月二十日は吉田川右岸に祀られた神農薬師の縁日、踊りは旧庁舎前で行われる。その後も「縁日踊り」は続き、七月三十日には慈恩禅寺弁天祭の「縁日踊り」が門前の川原町で行われる。

八月に入ると「郡上踊り」は、ほぼ毎夜行われるようになる。

八月一日は小駄良川右岸の日蓮宗身延山派大乗寺に合祀されている「三十番神」の縁日、踊りはかっては境内で行われていたが、近年は格子造りの商家や蔵元が立ち並ぶ対岸の本町で行われている。八月三日は「およし祭」、八幡城の人柱の伝説を伝える「およし」を慰霊する踊りが下殿町（旧馬場町）で行われる。八月七日は浄土宗洞泉寺の「弁天七夕祭」、住職の読経が始まる中、秘蔵の弁才天が開陳され、その後、「縁日踊り」は場所を変え、小駄良川対岸の本町で催される。八月十三日からは盂蘭盆会の盆踊りが始まり、十六日までの四日間は徹夜で行われる。踊り場は町方屋敷がかってひしめいていた新町、橋本町、本町を中心に行われ、狭い町並みは全国各地から集まった踊り子で埋め尽くされ、「郡上踊り」は最高潮となる。

お盆が終わると再び寺社の「縁日踊り」が中心となる。八月二十四日は「枡形地蔵堂」の縁日、踊りは「枡形」の遺構が残る上枡形町で行われる。地蔵堂は安政五（1858）年に流行した悪疫の退散を願い地元の人々によって勧請された小さな祠である。以降、踊りは「商工祭」、「女性の夕べ」の踊りと続き、九月六日の「踊り納め」で三十二夜の「郡上踊り」は閉幕となる。

踊り場の風景

『かわさき』を踊る踊り子

七月の第二土曜日は「おどり発祥祭」、八幡山の山裾を深く刻みながら、町の中央を西流する吉田川、その川岸には灯りが幾つも灯され、踊り日に華を添える。肌寒さの残る薄暮れ時、旧庁舎前の広場には大勢の踊り好きが集まり、「南町」を流す踊り流しの到着を遅しと待ち受ける。高提灯を先頭に揃いの浴衣に帯、下駄、そして肩に手ぬぐいをかけた粋な流しの踊り子の一団が広場に到着するや、待ち構えたように踊り屋形から哀調を帯びた『古調かわさき』の音頭と囃子が流れ始め、踊り子は手を揃え、足を揃え、下駄を鳴らしながら一斉に踊りだすのである。『かわさき』が歌い出されるとしんみりとした踊りは一転し、踊り場には優雅さと哀愁の入り交じった「郡上踊り」ならではの雰囲気が漂い始め、踊りの輪もしっかりと整ってくるのである。「も早や　かわさきやめてもよかろ天の川は西東」の音頭とともに踊り子は次の曲に向けて所作の立て直しを図る。

「ハヨ〜イヨ〜イコリャ〜ことし　はじめて　さんびゃ〜くおどり　おかしか〜らずよたしょのしゅが」と七七七七調の『三百』が始まるや踊り子は「たしょ〜のしゅがノたしょ〜のしゅがおかしか〜らずよ　たしょの〜しゅが」と返し歌を掛け合いながら、音頭取りと気心を通わすかのように一体となって踊るのである。幾重にもなった踊りの輪は踊り曲が変わるごとに右回りに、あるいは左回りとなり、再び整いながら踊り続けられるのである。山間の小さな城下町には「郡上踊り」の哀愁を帯びた音頭と返し歌、三味線、太鼓、笛の囃子が流れ、星空の下、今年始めての踊りは夜が更けるまで続くのである。

「郡上踊り」曲の由来

江戸時代、町方によって盛んに踊られていた「郡上踊り」は明治七（1874）年の盆踊り禁止令を境に衰退し、日清、日露戦争や米騒動等も重なり、曲も次第に忘れ去られていった。しかし、町民の盆踊り復活の願いは強く、大正十二（1923）年、町の有志によって「郡上踊保存会」が設立された。保存会は城下や郡上一円で歌い次がれてきた盆踊り曲の採譜を行い、①『古調かわさき』②『甚句』③『ヤッチク』④『さわぎ』⑤『まつさか』⑥『かわさき』⑦『春駒』⑧『げんげんばらばら』⑨『猫の子』⑩『三百』の十曲を「郡上踊り」の指定曲としている。

これらの曲は郡上の歴史や産物、名所旧跡、男女の情愛、人間関係の機微等が七七七五調の小唄や七七七五調の口説きのリズムにのって時には軽快に、時にはスローテンポに踊られる。

「郡上踊り」指定十曲の歌詞は次のようである。（歌詞の一部のみ掲載）

①『古調かわさき』

農作業を模したと思われる素朴な所作。

「郡上踊り」では最初に踊られる反時計廻りの曲。囃子詞は「ア～ソンデセ～」。節回しは伊勢の河崎港界隈で歌われていた『木遣り音頭』とよく似ており、出だしが高音でスローテンポに歌い出される。また、曲の名称も「河崎」の地と同音である。三味線・太鼓・笛の囃子はなし。

歌詞は男女の情愛や人間関係の機微、郡上の土地や物産自慢が歌い込まれている。所作は右手を挙げながら右足で地を蹴り上げ、左手を挙げながら蹴り上げ、正面を向き手拍子を打つ。同様の所作は他の「郡上踊り」曲にもしばしば見られる。七七七五調の小唄で歌われる歌詞の一節「郡上の八幡出てゆくときは　三度見かやす枡形を」は、どのような別れの感情を表現したかは不明であるが、「伊勢音頭」では同様の哀愁が込められた「別れの歌」が必ず歌われている。『古調かわさき』も八幡城下を去る悲しさや、特定の人への慕情等を吐露した歌詞と見てよく、伊勢音頭の影響が強く感じられる。

（歌詞）
ぐじょのな〜はち〜ま〜ん（コラ）でてゆくときは（アソンレンセ）
さんど〜みか〜え〜す〜ます〜がた〜を〜ます〜がた〜を（コラ）
ノーますがたを（アソンレンセ）さんど〜みか〜え〜す〜ます〜がた〜を
以下、小唄調の「どんなことにもよう別れんと　様も一口ちゃゆておくれ」等の歌詞が続く。

②『甚句』

七七七五調の甚句で男女の情愛、郡上の風物が歌われる。曲の出だしは相撲甚句で始まる。相撲甚句の「ドスコイ　ドスコイ」が変化した「トコ　ドッコイ、ドッコイ」の囃子詞が節回しを引き締めている。所作は左足を進行方向に出し、右足を揃えながら右手を肩まで挙げる。『さわぎ』とよく似ているがやや所作が単純。日本の各地に見られる曲であり、座敷歌が八幡の城下にて盆踊り歌に変化したと思われる。鄙びた感じはなく、歌と踊りのみの粋な曲である。大正十二（１９２３）年の指定曲。歌詞の「信州しなのの新そばよりも　わたしゃあなたのそばがよい」は福井県大野市上打波《かみうちなみ》等の白山麓の各地に見られる。

（歌詞）
やぐ〜〜〜ら〜よ〜〜〜たいこ〜に〜ふと〜めをさまし（トコ　ドッコイドッコイ）

あすはよ〰〰どのて〜で〰（コイツァ）

な〰〜げ〰てやろ〜（トコ　ドッコイドッコイ）

以下、小唄調の「唄うて出たぞえお庭の鳥が、いつかわからぬ良い声で」等の歌詞が続く。

③『ヤッチク』

七七調の口説きで郡上藩主金森氏の治世下に起こった大規模な農民一揆の顛末を時系列で歌い上げている。囃子は太鼓のみ。口説き特有のスローテンポな曲。『古調かわさき』と同様に右手を目の高さまで挙げながら右足で地を蹴り上げる。左手を挙げながら左足を蹴り上げ、ホップして手拍子を打つ所作を繰り返す。踊り子が囃す「アラ　ヤッチクサイサイ」が踊りの単調さを破っている。歌詞には心中を題材とした『鈴木主水』の口説きもある。大正十二年の指定曲。歌詞は昭和十一（1936）年に改変されている。

（歌詞）

（アラヤッチクサッサ）

きくもあわ〜れな〰ぎみんの〰はなし（アラヤッチクサッサ）

ときは〜ほう〜れき〰ごねんの〜は〜るよ（アラヤッチクサッサ）

以下、口説きで「所は濃州郡上の藩に　領地四万八千石のその名金森頼錦殿は」等の歌詞が続く。

④『さわぎ』

スローテンポの曲。

右足を前に出し、左足を右足の横につま立て、左手を肩の高さまで挙げながら前に進む。数回の手拍子が踊りの単調さを破っている。七七七五調の小唄で男女の情緒が歌われる。字余りの箇所もあるが、音頭取りは節回しを早めながら調整して歌う。囃子詞は『コラサ』。座敷歌として振り付けがなされ、その後、盆踊り曲に転化したと思われる。三味線、太鼓、笛の囃子はない。大正十三年に指定された曲である。

（歌詞）

（ア〜）

のめよ〜さわげ〜〜〜〜や〜いっすんさ〜〜きゃや〜〜〜〜みよ（コラサ）

けさもはだかの〜げこがき〜〜〜〜た〜

以下、小唄調の「花が蝶々か蝶々が花か　来てはちらちら迷わせる」等の歌詞が続く。

⑤『まつさか』

郡上の歴史、名所・旧跡、風物が七七五調の口説きでスローテンポに歌われる。

両手を水平に開き、合わせて右下から左下へと振り下ろす所作を繰り返す。囃子詞は伊勢音頭の囃子が変化した「ヨィヤナー　ヤァトセー」。「郡上踊り」では最後に踊られる。拍子木が入る唯一の曲。歌詞は新作。

（歌詞）

（ヨ～ホイ　モひとつショ）

オサテがてんショ～がてんと～～こえが～かかるな

な～（コライ　コライ）

これ～から～～もんくにかかりましょ（アヨイヤナーヤァトセー）

以下、口説きで「郡上の八幡名にしおう　三百年の昔より」等の郡上の名所案内が歌われる。

⑥『かわさき』

大正三（1914）年、座敷踊りの曲を戸塚療介の作詞、杵屋六満左の節付け、西川倉寿の振り付けで誰にでも踊りやすいよう改変した七七七五調の甚句。原曲は『古調かわさき』。ゆったりとした節回しにのせ、八幡山に佇む白壁のお城と月を見上げるように右手をかざし、左手を後方に流し、左足をつま立てる所作には洗練された優雅さが感じられる。歌詞は郡上一円の名所旧跡、風物が余すことなく歌い込まれている。囃子詞は「ア～ソンデセ～」。歌詞は大正十二（1923）年の『郡上踊保存会』発足と同時に新たに公募されたものであり、その一節「鐘がなるのか　うつ撞木がなるか　鐘と撞木とあうてなる」、「うたいなされよ向いのお方　歌でご器量は下がりゃせぬ」は福井県大野市打波《うちなみ》の盆踊りでも歌われており、白山麓の奥越《おくえつ》地方の影響を受けていることがわかる。

『かわさき』は八幡の城下で育まれてきた町方文化とその風土が生んだ「郡上踊り」を代表する御当地ソングといっても過言ではない。

（歌詞）

ぐじょのな〜はちま〜んでてゆくときは（アソンレナセ）

あめも〜ふらぬ〜に〜そで〜しぼ〜る　そでしぼ〜るの〜そでしぼる（アソンレナセ）

あめも〜ふらぬ〜に〜そで〜しぼ〜る

以下の小唄調の「天のお月さまツン丸こて丸て　丸て角のてそいよかろ」等の歌詞が続いて歌われる。

⑦『春駒』

軽快なリズムに乗って気良（旧郡上郡和良村）で産出したとされる名馬磨墨の自慢、城下の毛付市等の様子が歌い込まれる。

踊り子は「一両三分の春駒　春駒」と囃しながら踊る。「郡上踊り」の中では最もリズミカルな曲であり、若者に好まれている。所作は足を前に出すと同時に両手を胸元で開き、右足を踏み込み、前屈みになり、左足を後ろに跳ね上げ、ホップして手拍子を打つ。この一連の所作は曲名の如く馬の手綱さばきを模したかのようである。曲の前身は郡上市大和町《やまと》（旧郡上郡大和町）以北の白鳥町、高鷲町《たかす》で近年まで踊られてきた『さば』である。

『さば』は日本海沿いの地域で生まれ、福井県大野市を経て、岐阜県郡上市白鳥町に伝わり、郡上一円の集落で踊られるようになった。一円の集落では「おさばおせおせ　しものせきまでも　おさばみなとへ　サイシヨ　ちかくなる」と歌われたが、囃子詞にはそれぞれの違いがある。白鳥町や大和町では「一銭五厘ノヤキサバ　ヤキサバ」、美並町では「一分五厘のヤキサバ　ヤキサバ」と囃される。八幡町では昭和二十四年に『春駒』と曲の名称が変えられ、囃子詞も「一両三分の春駒　春駒」に改められている。「春駒」とは『江戸年中行事図聚』に「年の始めに馬を作りて頭に戴き歌い舞うもの、これを春駒と名付けて都鄙ともにあり」とあるように新年の門付芸能の『春駒踊り』を言う。『さば』から『春駒』への改変はこの「春駒踊り」が念頭にあったと思われる。なお、石川県白山市白峰には「七分五厘の焼鯖」と囃す『サマヨ』と呼ばれる盆踊り曲がある。

（歌詞）

ぐじょうは〜うま〜どこ　あの〜す〜るす〜〜みの〜〜　めい〜ばだした〜も〜

サけらの〜さと（アしちりょうさんぶのはるこまはるこま）

以下、小唄調の「駒は売られて嘶きかわす　土用七日の毛付け市」などの歌詞が続く。

⑧『げんげんばらばら』

躍動感ある反時計回りの輪踊り。

片方の手を他の手で巻くように袂を押さえ、手を顔前に立て、ホップする所作は手鞠をつくようであり、「郡上踊り」の中では異色の振り付けである。白山麓を含め中部地方の山間地に見られる童謡の手鞠歌が八幡城下にて盆踊り曲として変化したと思われる。昭和十一年に「郡上踊り」の曲に指定される。曲名は手鞠唄の「げんげんばたばた　なぜなくや、親がないのか、子がないのか」の一節「げんげんばたばた」に由来すると言われる。日常生活を順を追って口説き調で歌われる歌詞には鳥やみかん等も取り上げられ、子供の空想の世界が擬人化によって面白、おかしく歌われる。「ア〜ドッコイショ」、「イヤマッマッカサッサヤットコセ」の囃子詞が快く響く、軽快な曲である。白山麓の福井県大野市和泉では「ゲンゲンボロボロ」の曲名で踊られ、八幡町と同様の口説き調ではあるが、節回しや歌詞に相違が見られる。

（歌詞）

（ア〜）げんげんばらばらなにご〜とじゃ〜お〜やもないがこもな〜い〜が（アドッコイショ）
ひとりもろうたおとこのこーたーかにとられてきょうな〜ぬ〜か（アドッコイショ）
なぬかとおもえ〜ばしじゅうくにちし〜じゅうくにちのはかまいり〜（アドッコイショ）
お〜ばんどころへちょいとより〜てはおりとはかまをかしとくれ〜（アドッコイショ）

以下、口説き調で「有るもの無いとて貸すせなんだ　おっぱら立ちや　腹立ちや」などの事の顛末が歌われる。

⑨『猫の子』

白山麓の代表的な盆踊り曲の一つである。

福井県大野市打波ではお盆や祭礼、宴会で即興で歌われていた。曲は白山麓で生まれ、白山山系の油坂峠を越え、岐阜県郡上市へもたらされ、八幡町や白鳥町で盆踊り曲として定着したと思われる。踊りはゆったりとし、テンポは遅い。歌詞には猫に関する句も見られるが、その多くは猫とは関係のない男女の情愛、人情の機微を洒落をまじえて面白、おかしく歌い込まれる。振り付けは右足を蹴り出しながら右手を挙げ、左足を蹴り出しながら左手を挙げ、前屈みになりながら両手を右上から斜め下に振り下ろし、前に進む。「白鳥踊り」の『猫の子』のように猫の具体的動作を模したような所作は取り入れられてはいない。大正十三年、踊り曲に指定される。

(歌詞)

（ヨ〜ホ〜〜イヨ〜イヨ〜イ）ねこのこがよかろ（ア　ねこのこがよかろ）
ねこでしーあわーせ（コラ）
ねずみょ〜とる〜（ね〜ず〜〜みょ〜とる　ノねずみょとる

ねこでしあ〜〜わ〜せ（コラ）ねずみょ〜とる〜）

以下、小唄調で「ゆんべ夜這いが二階から落ちて　猫のなきまねして逃げた」などの歌詞が続く。

⑩『三百』

歌詞は七七七五調の小唄。農民の日常生活の喜怒哀楽が風刺をまじえて、面白おかしく歌い込まれている。所作は右手を挙げながら右足で地を蹴り上げ、左手を挙げながら左足を蹴り上げ、正面を向き手拍子を打つ。その後、両手を右上から左下へと振り下ろしながら前にと進む。曲目の『三百』は丹波宮津（京都府宮津市）の藩主であった青山氏が郡上入部の際に出迎えた城下の武士や町方に褒美として三百文を与え、その藩主の慈悲に感動した町方が欣喜し踊ったことから付けられたと言われる。郡上藩では藩主が入部の折や吉日に領民に祝儀として金銭を与えることが、よく行われていた。大正十二年の「郡上踊保存会」の設立とともに指定された郡上踊り七曲の中の一つ。『かわさき』とともに「郡上踊り」を代表する曲である。

（歌詞）

ハヨ〜〜〜イヨ〜〜イコリャ〜

ことしはじめてさんびゃ〜くおどり

おかしか〜らずよ　たしょの〜しゅうが　たしょ〜〜のしゅうが　ノ

たしょのしゅが　おかしから～ずやたしょの～しゅが

以下、小唄調で「誰もどなたも揃えてござれ　小豆きょかすよにゴショゴショと」の歌詞が歌われる。

踊り曲の振り付け

「郡上踊り」の十曲は全国各地の作業歌や俚謡、座敷歌などが八幡城下に移入され、八幡の歴史や風土に合うように題名や歌詞、節回しが改変され、振り付けがなされ、歌い継がれてきた踊り曲である。

十曲の振り付けは三つの型に分類できる。その一つは振り付けが一つの型からなり、その型をくり返し踊る曲である。『古調かわさき』、『甚句』、『ヤッチク』、『さわぎ』の四曲は右手を挙げながら右足で地を蹴り上げ、左足、左手で同様の所作を行い、静止して手拍子を打つ型である。また、『まつさか』は両手を水平に開き、合わせて両手を右上から左下へ振り下ろす所作を繰り返す。これらの曲はいずれも所作が単調であり、習得しやすい曲である。二つ目は型は一つであるが、一連の所作が複雑な構成となっている曲がある。『かわさき』、『春駒』、『げんげんばらばら』の三曲であり、ちなみに『春駒』は右足を斜め前に出し、両手を交差しながら開き、同様の所作を左足でも行い、前屈みで踏み込み、姿勢を戻して手拍子を打つ所作を繰り返す。『かわさき』、『げんげんばらばら』も同様にの独自の振り付けである。

三つ目は二つの型が組み合わさった曲であり、『三百』、『猫の子』が挙げられる。所作は『古調かわさき』、『甚句』、『ヤッチク』、『さわぎ』の型に『まつさか』の型が組み合わされており、所作はやや複雑であるが、流れるような躍動感が感じられる。

このように「郡上踊り」の十曲の振り付けを大まかに分類すると三類型になり、それぞれの曲は手拍子、手の開き方、足の上げ下げ、蹴り上げ、体の前屈、ホップ等の有無や違いによって踊り曲としての個性と独自性が見られるのである。十曲はすべてが輪踊りで、『古調かわさき』と『げんげんばらばら』は反時計回り、他の曲は時計回りで進行する。踊り子はそれぞれ小唄調や口説きの歌詞に合わせて一連の所作を繰り返し踊るのである。「郡上踊り」の主役は一般の踊り子であり、長期間の訓練を要するような踊りではなく、習得も容易で、誰でもどこでも、好きな格好で踊ることができる大衆的な踊りなのである。

徹夜踊りに適した「郡上踊り」

「郡上踊り」は三十二夜にわたって踊られ、その内の四夜が徹夜踊りである。踊りは橋本町、今町、新町を踊り場にして宵の口から翌日の午前四時頃まで行われる。徹夜踊りでは途中に小休憩が入るが、七時間余り踊っていても飽きはせず、快い疲労感すら感じられる。この理由については踊り曲が魅力的であること、踊り場の雰囲気がよいこと、音頭が上手で快いこと等が挙げられるが、その他として「郡上踊り」の曲には、それぞれ特性があり、その特性を組み合わせることで踊り子の疲労を軽減させることができるからである。踊り曲のそれぞれの特性は次の表のとおりである。

郡上踊り曲	曲の振り付けの型	歌詞の特徴	曲のテンポ
古調かわさき	一型（一つの単純な型）	小唄調	ゆったり
かわさき	二型（一つの複雑な型）	小唄調	ややゆったり
三百	三型（二つの複雑な型）	小唄調	軽快
げんげんばらばら	二型（一つの複雑な型）	口説き調	軽快
春駒	二型（一つの複雑な型）	小唄調	軽快
猫の子	三型（二つの複雑な型）	小唄調	軽快
さわぎ	一型（一つの単純な型）	小唄調	ゆったり
甚句	一型（一つの単純な型）	小唄調	ゆったり
ヤッチク	一型（一つの単純な型）	口説き調	ややゆったり
まつさか	一型（一つの単純な型）	口説き調	ゆったり

踊り手、音頭取りが疲れないためには例えば一型のゆったりとした小唄調の『古調かわさき』から入り、ややゆったりとした『かわさき』につなぎ、次に軽快な二型の『げんげんばらばら』を踊り、最後にゆったりとした一型の『甚句』へと移り、再び一型のゆったりとした曲から踊り出すという組み合わせをなすのである。「郡上踊り」の曲は十曲あり、それぞれの一型から三型、口説き調と小唄調、ゆったりとした曲と軽快な曲等の特徴があることから、これらを相互に組み合わせて踊りの順序立てを行うことで、踊りに飽きることなく、長く踊り続けることができる演出が可能となるのである。

「郡上踊り」では踊り場の雰囲気や踊り手の調子を見ながら曲の組み合わせを随時行うことで徹夜踊りを可能にする配慮がなされているのである。

第二章　「郡上踊り」の歴史

数少ない城下町の盆踊り

農村の盆踊りは全国各地に数多く見られるが、城下町で今日まで継承されている盆踊りは極めて少ない。江戸時代、町方の盆踊りが風流化し、豪華さを競う盆踊りとなったがため、幕府や藩はしばしば質素倹約令に反するとして停止令を出し、厳しく取り締まったからである。数少ない城下の盆踊りとして知られる徳島市の「阿波踊り」は江戸時代前期には各町内から繰り出された豪華な屋台の上できらびやかな衣装を着た踊り子が趣向を凝らし笛、太鼓の囃子に合わせて踊る「組踊り」が盛んとなり、桟敷席も用意されるなど多くの見物人で賑わっていた。

しかし、宝暦六（１７５６）年、藩は次のような通達を出している。

盆三日有来通御法度相守踊申義ハ勿論之事ニ候　然処　端々御制禁之組踊
或子供ニても華麗之拵ニて通例之踊違候組踊相催候族有之様ニも相聞、
不埒之至候　此旨相心得　於踊申ハ通例之通神妙ニ踊候様　市中屹と可被申付候

（読み下し文）

盆の三日は有り来たりの通り、御法度を相い守り踊り申す義は勿論の事に候
然る処 端々に御制禁の組踊 或いは子供にても華麗の拵にて通例の踊りとは違い
候の組踊り相い催し候の族が有る様にも相い聞く、不埒の至りに候 此の旨を相い
心得 踊り申すに於いては通例の通り神妙に踊り候様 市中に屹つと申し付けられる可く候

徳島藩では宝暦年間（１７５１～６４）に質素倹約を旨とする藩政改革を始めており、町奉行は「組踊り」を華麗であるとの理由で規制し、さらに寛政八（１７９６）年には「組踊之儀一切停止之事」として「組踊り」を全面的に禁止する措置を取っている。これらによって城下の富裕な商人によって支えられていた「組踊り」は衰退し、代わって踊りは藩政改革の主旨に触れないよう浴衣、頬被り等の質素な格好で踊る「ぞめき」に衣替えし、藩の公認も得ることで天保年間（１８３０～４４）には踊りの主流となっている。今日の「阿波踊り」である。

城下町の多くの盆踊りが途絶する中、城下町で継承されてきた数少ない盆踊りの「阿波踊り」は藩の通達や取り締まりを受け入れ、その趣旨を踏まえながら、それが許すぎりぎり範囲内で踊りを自ら変容させ、新たな踊りとすることで生き残ってきたことがわかる。そして、それを可能にせしめたのは庶民の踊りへの情熱であった。

八幡城下の盆踊り

今日まで継承されている城下の町方の盆踊りの「郡上踊り」はどうであったか。幕末、郡上藩では七月に町奉行が町名主を集めて盆踊りに関する触書を読みあげるのが慣例となっていた。この通達から当時の町方の盆踊りの様子の一端が垣間見れる。天保十一（１８４０）年の「名主役中心得書」に記された通達は、次のようである。

盆中火之元別而入念可申事
町方夜分子供踊之義は十四日ヨリ十六日迄三日間之内可為勝手次第　然共かふり物並異形之衣類等急度停止申付候条堅可被申付候　万一右躰之者有之候得ハ町廻り之同心見当り次第取揚候様申付置候事
右於踊場所喧嘩口論仕候者ハ可為曲事候事　右之趣町中江可申触候也

七月十一日　奉行

町名主

（読み下し文）
盆中の火の元は別して入念に申すべきこと
町方の夜分の子供踊りの義は十四日より十六日までの三日間の内は勝手次第たるべく、しかれどもかぶり物並に異形の衣類等はきっと停止申し付候条、堅く申付られるべき候、

万一右躰の者有り候はば町廻りの同心　見当り次第取り揚げ候様申し付け置き候事
右の踊場所に於いて喧嘩口論仕り候は曲事たるべき候事　右の趣を町中へ申し
触れる可き候也

（主旨）
盆中は火の用心を念入りにすべきこと、町方の盆踊りは十四日から十六日まで
の三日間は行ってもかまわないが、顔を隠したり奇抜な衣装で踊ることは禁止さ
れていることだから、町方は各々にその旨を周知徹底すべきである。もし、違反
する者がいたならば、町廻りの同心が見付次第取り上げること。また踊り場所で
の喧嘩、口論は決してあってはならないこと。これらの通達の主旨を名主は町中
へ申し触れること。

天保年間（１８３０～４３）には城下の町方の盆踊りは「子供踊り」と言われ、藩からは三日間に限り許されていたこと、踊りでは被り物を付けたり、異装することは固く禁じられ、これらを取り締まるために同心と町名主が踊り場を巡視している。また、盆踊りは町方の楽しみであり、「火の用心」の触れを出すほど多くの町方が集まり、踊り場は時には喧嘩も起こるほどに賑やかであったことがわかる。また、踊り場については「名主役中心得書」に次のような記載がある。

盆十四日十五日十六日夜御奉行様御廻リ日割被、仰出候同役に而も日割相極メ暮六ツ時前御宅江上り候事　但廻り先名広橋迠致御供赤谷江御廻り之内河原橋詰ニ控居夫御供いたし候

（読み下し文）

盆の十四、十五、十六日の夜、御奉行様廻り日割りを仰せ出され候、同役にも日割相極め、暮六時の前に御宅に上がり候事、但し廻り先は名広橋まで御供致し、赤谷へ廻りの内は河原橋詰めに控え居り、夫れより御供いたし候

（主旨）

盆の十四日、十五日、十六日の夜、奉行が巡回日を割り振られ、それに従って午後六時前に奉行の御宅に参上した。巡回先は、名広橋まで御供し、赤谷へ廻る間は河原橋詰にて控え、それからまた御供いたした。

町名主は午後六時頃に奉行宅のある馬場町付近の武家屋敷に出向き、同心と揃って宮ケ瀬橋を渡り、「南町」の橋本町、立町、そして名広橋付近の川原町を巡回している。この記載から盆の期間中は町方が居住する橋本町から川原町付近の町並みが盆踊りの主な踊の場となっていたことがわかる。

では踊りの規模は、どうであったか。天保二（１８３１）年当時、八幡城下の町方戸数は三百戸余り、人口は約千二百人、他方、徳島城下の町方戸数は貞享二（１６８５）年には千五百六十戸、人口は二万五千六百人であり、盆踊りを支える八幡城下の町方の数は徳島藩のそれとは比べようもなく少ない。人口も少なく、徳島の藍染商人のような富裕層もきわめて少ない八幡城下では徳島城下のような豪華で成熟した町方文化は形成されてはいなかった。しかし、少数ながらも八幡城下の町方は藩の財政に大きな影響力を持ち、経済的にも台頭著しいものがあった。踊りはこれら町方の要求を、無視することはできず、許可制にすることで寛政年間（１７８９〜０１）頃から本格的に始まった盆踊りであった。そのためか開始当初から規模は小さく、天保年間の時期に至っても豪華な造り物、趣向を凝らした出し物等もない質素で地味な盆踊りであった。

盆踊りの中心・橋本町

次に当時の踊りの様子は具体的にはどのようであったか「名主役中心得書」の記述から推察してみる。

踊りの形態は輪踊りで、踊り場となった橋本町から川原町付近にかけての町辻や寺社の門前を中心に町内ごとに踊りの輪が作られていた。輪を取り巻く見物人も少なからずいた。踊り子は木樽などを叩く拍子に合わせ、今日の「郡上踊り」の原曲を踊っていたと思われる。

踊りは、午後六時頃から踊りは始まっており、旧暦の七月十四日頃の月は満月でもあり、踊り場は灯りを点さなくても踊り子の顔が十分見られるほどの明るさであり、提灯等は必要なかったと思われる。下駄は禁止され、踊り子は草履を履き、浴衣姿、手拭いで顔を隠し、腰には団扇をさし踊っていた。また、踊り場には夜店が出るなどしていたかもしれない。三日間のお盆は町方にとっては生業からの解放の日でもあり、唯一の娯楽である盆踊りは大いに盛り上がったと思われる。

この時期、郡上藩では質素倹約を旨とする藩政改革が進行中であり、藩は町方の盆踊りが派手になり、生活が奢侈に流れることを絶えず警戒していた。しかし、城下の町方の盆踊りは異形や被り物を着した踊り子は少数であるが散見はされたが、踊りがそれ以上派手になることはなかった。

「阿波踊り」では弘化三（１８４６）年、法被にパッチをはき、僧衣に坊主のかつらを着し、顔は覆面をして踊る男女二十人ほどが召し捕らえられ、牢舎に入れられるなど、法令違反がしばしば見られた。しかし、八幡城下の盆踊りでは見廻りの同心や名主によって異装や被り物などの違反のお咎めを受けた事例は一件も報告されていない。むしろ、巡回の同心に同行した町名主が下駄を履いたことを咎められる始末であった。八幡城下の町方の盆踊りは賑やかに行われたが、藩の「触れ」を遵守した節度のある地味な盆踊りであったことがわかる。

「郡上踊り」は四万石余の小藩の特性もあり、「阿波踊り」のように始まりの当初から大規模で豪華、派手にはならず、町方も藩の通達をわきまえ、小規模で地味な踊りに終始したがために藩からの圧力や干渉もなく、江戸時代を通して城下で生き残ってきたのである。

郡上藩士と盆踊り

郡上の大規模な百姓一揆（郡上一揆）の収束後の宝暦八（1758）年、金森氏に代わり、丹後宮津藩主青山氏が郡上に入部している。藩士の数は家老佐藤将監以下三百余人であった。以後、青山氏統治の期間中は城下の武家戸数、人口の増減はさほどなかったと思われ、城下の武家人口は藩士とその御家中を含め二千人前後であったことが推定される。

ではこれらの藩士や妻子、奉公人は町屋付近で行われる盆踊りや寺社の縁日踊りをどのように見ていたのであろうか。藩士の懲戒処分を記した『青山家史料』の文化五（1808）年七月十九日の記載には日吉神社の山王祭礼の稽古を見物したとして同心の和田利平太が「追込」、渡り足軽の後藤定七が同じ件で「切米壱石引上」の処分を藩から受けている。しかし、藩士等が盆踊りの場に出向いたとしての処分はその後は一件も報告されていない。

文化五年の時期は城下の盆踊りは町屋が立ち並ぶ「南町」の橋本町、川原町で行われていたが、武家屋敷のある「北町」とは吉田川を挟んで離れ、踊り自体もまだまだ盛り上がりに欠け、規模も小さく、質素な踊りであることから藩士や妻子などは、あまり興味も関心を持ってはいなく、また、対岸の地ということもあり、踊り場に出向くことはほとんどなかったことが考えられる。藩にとっても藩

桜町の武家屋敷

士等が踊り場に出向くこと自体が想定外のことであった。しかし、この祭礼見物の一件があった翌々年の文化七（1810）年の城番が行う年中行事に次のような文言が見られる。

盆中町方踊有之ニ付　御家中慎申触候事

（読み下し文）

盆中、町方の踊り有るに付き、御家中へ慎み申し触れ候事

（主旨）

盆に町方の盆踊りがあるから、家臣やその妻子などに慎んだ行動をなすように通知すること

藩士は町方の盆踊りについては慎んだ行動をなすようにとの簡単な触書である。文化五年以降、踊り場に出向き処分を受けた家臣は全くいないことから、このような抽象的で緩い触れに留められたと思われる。その後、町方の盆踊りは盛んとなり、賑やかさを増すようになる。このような中、文政十二（1829）年、藩士の木下簡之丞とその仲間七人が稲荷宮の祭礼で踊りを行ったとの父親の届け出により藩から「慎置」の処分を受けている。処分の理由は通知の「慎申」の規定に違反したがた

めである。しかし、約三百人余りいた藩士で盆踊りに関する通知違反で処分を受けた事案はこの一件、七人のみであり、郡上藩士とその家中は元々町方の盆踊り、縁日踊りには無関心であったと思われる。

他方、徳島城下では寛文年間（1661～73）頃には町方の盆踊りが盛んとなり、藩は家中が盆踊りに出向くことを禁止する措置が取っていたが、その後、踊りがより風流化するにつれ、藩士の関心も高まっている。天保十二（1841）年、徳島藩主蜂須賀家の一族の重臣が踊りに出向き、「蜂須賀一角様　九月二十一日御改易ニ相成申候」の処分を受けている。藩の重臣が盆踊への禁足令を破るほど蜂須賀藩の家臣の間では盆踊りへの興味、関心が増していることがわかる。

八幡城下の町方の盆踊りは幕末にはさらに盛んとなり、郡上藩は今まで藩士に触れていた「御家中へ慎み申し触れ候事」から一転し、徳島藩と同様の盆踊りへの禁足令を出していることがわかる。

しかし、文久二（1862）年に出された藩政改革の通知に、次のような条文が見られる。

盆中踊場所へ御家中末々迄妻子並召仕等罷越候義は兼テ御法度之義ニ付堅相心得罷越間敷候
巳後年々触之義は相止候間　間違無之可被相心得候事

（読み下し文）

盆中に踊り場所へ御家中末々妻子並びに召仕まで罷り越し候の儀は兼ての御法度に付き、堅く相い心得、罷り越す間敷き候 巳後年々触の義は相止め候、

間違いの無く相い心得られるべき候こと

（主旨）

武士やその妻子、召使いが盆踊りを見物し、もしくは参加することは以前からの御法度であり、その旨をよく心得、踊り場所には近づかないようにすべきことは言うまでもない。

今までその旨について毎年お触れ出していたが、今後は取りやめとなった。

しかし、その主旨は以前と変わないからよくよく心に留めておくべきである。

藩士が盆踊りの場に出向くことについては文化七（1810）年には「慎申」との緩い規定であったが、その後の文久二（1862）年以前のいずれの時期かに「御法度」の厳しい禁止規定が取られていることがわかる。幕末、郡上藩の財政は深刻さを増し、藩を挙げて奢侈の追放、質素倹約を徹底するなどの藩政改革を行い、不必要な制度や慣行、通達の廃止に取り組んでいる。その一つが毎年、家臣に周知徹底させていた盆踊り「御法度」の通達の慣行を廃止する、この条文であった。それはあくまでも経費節約による通達の廃止であり、以後藩士には通達はなされなくなったが、藩士が盆踊りへ出向くことは「御法度之義」であることは厳に変わりはなかった。

この通知廃止は町方の盆踊りや縁日踊りが盛んとなった時期になされている。郡上藩の緊縮財政の一つとは言え、藩士が盆踊りに出向くことは「御法度之義」である旨の周知徹底を廃止するとのことであり、藩にとっては藩士への信頼がない限り取り得ない措置である。しかし、前述したように郡上藩は藩士が盆踊りに出向き処分されたのと記録は文政年間（１８１１〜１８３０）以降は全くなく、またそれ以前にも文化五（１８０８）年の一件のみであることから、今後も藩士が踊り場に出向くことはないとの判断に立ち通知を廃止したと思われるのである。

徳島藩ではお盆の期間中、藩士の盆踊り熱が高まり、踊り場には出向かないものの、踊り子を屋敷に招き入れ、共に踊り、歌うことが藩士の間で密かに流行し、藩はたびたび禁止令を出している。しかし、郡上藩では徳島藩のように町方文化が武家社会に影響を与えるほど成熟はしておらず、盆踊りそれ自体も「阿波踊り」と比べ、小規模で質素で地味な踊りであり、藩士が興味、関心を示し、町方に混じって盆踊りや縁日踊りを踊ることは考えられなかったのである。

郡上藩では天明年間（１７８１〜１７８８）に柳町に藩校の潜竜館が開かれ、また、京都より江村北海が招かれ、詩歌や文学などを講義するなど武士の間には学問尊重の風土が根付いていた。門弟の斉藤安世は藩士が歌った百三十余りの詩歌を『濃北風雅』として編纂している。また、慶応年間（１８６５〜６８）には藩主が文武館を設立し、学問と武術の両立を大いに奨励している。

幕末、藩政改革の中、郡上藩の武士は生活に困窮はしていたが、武術の訓練、学問の研鑽に励むことで遊興怠惰に流れる自らを戒め、他では和歌や俳句などを嗜み、武士としとての素養と身分意識を保持していたのである。藩士は町方の娯楽でもある盆踊りには一線を画していた。藩政改革の主旨を削ぎ、「士農工商」の身分制度の崩壊をもたらすことにもなりかねない盆踊り御法度の通知の廃止は藩が藩士に信頼を置いていたからこそ出来た措置であったのである。

城下町の盆踊り

盆踊りは戦国時代に盛んに行われ、その余風は江戸時代になってもなお残り、城下町や農村の集落では自由に踊られ、親しまれていた。江戸市中の盆踊りについては慶安三（1650）年に三代将軍家光は禁令として次のような通達を出している。

町々之内にて、躍りなど致し候とて、必ず留めまじく候　盆にはいつもきはい（勢い）おどり候さま、おどり申す可く候

（『郷土舞踊と盆踊』小寺融吉著）

江戸市中での踊りは禁止するが、お盆の踊りは許可するとの内容である。盆踊りが公認されたことで踊りは盛んとなり、延宝五（1677）年には江戸の庶民の間で「盆踊り」、「七夕踊り」、「伊勢踊り」等の踊りが一挙に盛り上がりブームとなった。幕府の監視のたががが緩み、恐らくお盆以外の日にも踊られるようになったのであろう。幕府は翌月の触れで八月（旧暦）に入っても踊りを続けることはよ

くないとの触れを出している。しかし、踊りは一向に止まず、幕府は十月に再度禁止令を出している。踊りが奢侈で美麗であり、市中で踊りを行うことは冬に向けて相応しくないとの理由であった。その後、市中の踊りは一時的には衰えたが再び盛り上がり、幕府は貞享二（1685）年、通行を妨げるとの理由で再度禁止令を出して厳しく取り締まるようになる。通達は次のようである。

其外　町人寄合路辻に而往還をさまたげ　おどり候もの有之候はば
曲事可申付者也
（『郷土舞踊と盆踊』小寺融吉著）

（読み下し文）
其の外　町人寄り合い、路辻にて往還をさまたげ　おどり候もの有り候はば
曲事たるべく申し付けるものなり

町人が集まり、路上や辻にて踊りをなすことはその往来を妨げるから禁止するとの内容である。慶安三（1650）年の寛大な措置から一転、貞享二（1685）年には幕府によって盆踊りは禁止となっているのである。このように再三に渡る禁止令によって江戸城下の盆踊りは幕末にはそのほとんどが消滅している。諸藩も同様の禁止令を出し、城下の盆踊りを抑圧している。

この結果、全国各地の城下町に残る盆踊りも衰退の一途を辿り、今日では極くわずかしか残されていないのである。盆踊りを取り巻くきびしい状況下、「郡上踊り」は藩の監視にも耐え、今日まで継承されてきた数少ない城下町の盆踊りなのである。

「郡上踊り」の開始時期

八幡城下の町方の盆踊りはいつ頃から始められたのであろうか。その開始の時期については初代八幡城主の遠藤慶隆が寛永年間（1624～43）に士農工商の融和を図るために踊りを奨励したのが始まりであるとの説、もう一つは宝暦八（1758）年に丹波宮津（京都府宮津市）から入部した藩主の青山氏が「郡上一揆」後の殺伐とした郡上の風景に潤いを与えるため奨励したのが始まりとの説である。

踊り開始時期がそれぞれ寛永年間、宝暦年間である。慶隆が藩主を勤めていた寛永年間は江戸や京都を含め全国各地の城下や集落では盆踊りが自由に行われていた。

しかし、慶隆の治政下の寛永年間、八幡城下には戦国時代の気風が依然として残り、戦闘に備えた武士の屋敷が主で、城下の町割りはほとんどなされていない。人口の大半を武士層が占め、城下への商工者の転入が少ないこともあって、武士の消費経済を支える町方の人口は少なく、その組織化もされていなかった。このような八幡城下にあって、藩主がたとえ盆踊りを奨励したとしても、町方から盆踊りを催すような動きが起こることはほとんど不可能であったと思われる。

二代目藩主遠藤常友は寛文七（1667）年に城下町の町割りに着手している。その町割りは当然戦闘を想定してなされ、城下の大半の地は武家屋敷によって占められていた。町屋は戦闘や武家の日常生活を支える層として武家屋敷に近接して配置されていたが、その屋敷数は限定されていた。この時期、町方の存在感は薄く、城下の商工活動も低調であり、盆踊り等の娯楽をなす余裕は経済的にも、心理的にもなかったと思われる。元禄五（1692）年、遠藤氏に代わり井上氏が入部するが、その際の『城下町家帳』では町屋は大阪町、横町、本町、新町、肴町、鍛治屋町、橋本町、今町、職人町であり、戸数は三百七十五戸、人口はおよそ千四百人余り、町並みには各種の商店が軒を連ねている。八幡城下はこの時期には町割りも完了し、多くの商工者が転入し、人口が増えることで幾つもの町方屋敷が形成されていることがわかる。

職人町の風景

これにより城下の商工活動も活発化し、経済的余裕が生じた町方の間では娯楽への嗜好も強くなり、また幕府や藩の規制は強くないことから、この時期頃に小規模ではあるが盆踊りが町内単位で催されていたことが考えられるのである。

元禄十（1697）年、金森氏が井上氏に代わり郡上藩主に就いている。金森氏の治世下の享保八（1723）年、藩は白鳥町長滝にある長滝白山神社の盆踊りに停止命令を出しており、領内の集落では農民の盆踊りが盛んとなっていたことがわかる。恐らく、城下の町方の盆踊りも元禄年間頃から小規模で行われていたのであろうが、この禁止命令もあり、城下の町方の盆踊りは盛り上がりの機運を削がれ、それ以上に規模が拡大することはなかったと思われる。

さらに宝暦四（1754）年、郡上一円の集落を巻き込んだ大規模な百姓一揆が起こり、四年間続いている。藩が鎮圧と農民の懐柔に奔走する中、郡上一揆の影響は商工活動にも影響を与え、商品流通も停滞し、町方は不安と余裕のない日々を過ごしていた。

今まで行われてきた城下の小規模な盆踊りは、一揆の影響により自然と衰退し、ほとんど踊られなくなっていたと考えられる。

「郡上一揆」は多くの百姓の犠牲の中、藩主金森氏の改易と幕閣の罷免などの措置がなされ収束している。金森氏に替って青山氏が「郡上一揆」が収束した宝暦八（1758）年に丹後宮津（京都府宮津市）から郡上に入部している。以降、藩政は少しずつ落ち着きを取り戻し、領内の養蚕、製糸業、鉱山開発等の商工業が盛んとなり、富を蓄えた一部の商家は武家を凌ぐ経済的な実力を持つようになる。

安永五（1776）年、城下の町方二十二人が藩主青山氏の「金子急入用」の依頼に応じて連帯保証人となり、千三百両を大阪の商人鴻池から借り入れている。この時期、町方の戸数は三百戸前後と以前と比べ減少してはいるが、町方は藩の財政を支えるまでの階級に成長しているのである。領内の治世も安定し、経済的地位が向上した町方の間では再び娯楽への要求が強くなっていた。

天明八（1788）年、全国的な饑饉が発生し、農民は困窮している。しかし郡上では饑饉の影響は比較的少なく、町方の娯楽、芸能への要求は収まることはなく、寛政二（1790）年には藩の許可の下、城下の岸剣宮の祭礼で「子供花踊り」、「仕組狂言」等の芸能が奉納されている。藩の財政に大きな影響力を持つ町方の氏神の祭礼であり、藩は一概に停止、黙認することはできず、許可制を取ることで町方の要求を入れ、芸能を許可したのである。

同じ郡内の白鳥町の農民の盆踊りは享和元（1801）年にはすでに行われていることから、恐らく、城下の町方の盆踊り、縁日踊りも寛政年間には同様の藩の許可の下で始まっていたと思われる。町方の盆踊りの史料上の初見は天保十一（1840）年の「名主役中心得書」の記載である。「名主役中心得書」には、次のような添え書きがある。

文化三年七月十六日名主佐藤長助盆中廻り之節下駄相用小頭より御咎其後御帳
付辻村氏エ内々御窺処候云々

（読み下し文）
文化三年七月十六日　名主佐藤長助は盆中廻りの節、下駄を相い用い、小頭より御咎め、

その後、御帳付きの辻村氏へ内々御窺い処候云々

文化三年（1806）、町方の名主佐藤長助が下駄履きで城下の盆踊りを見回り、身分不相応の贅沢として藩から咎めを受けとの記載である。この記載から城下の町方の盆踊りは文化三年（1806）の時期には藩の許可の下で既に行われており、町方が踊り場を巡回することが恒例となっていたことがわかる。

町方の盆踊りはその後も盛んとなっている。天保十一年の「名主役中心得書」の記載には次のような記述も見られる。

町方夜分子供踊之義は十四日ヨリ十六日迄三日間之内可為勝手次第　然共かふり物並
異形之衣類等急度停止申付候条堅可被申付候　云々

（読み下し文）
町方夜分の子供踊りの儀は十四日より十六日までの三日間の内は勝手たるべき次第
然れどもかぶり物並びに異形の衣類等は急度停止を申し付け候条　堅く申し付けられるべき候

藩は城下の町方名主を集め、盆の三日間の踊りは勝手であるが、被り物や異形の衣服で踊ることはあってはならない。もし、違反があれば盆踊りはすぐに停止させると毎年、再確認させていたのである。以降、この規定によって行われる八幡城下の町方の盆踊り、縁日踊りは年々盛んとなり、幕末にはその最盛期を向かえていることがわかる。

城下の町方の盆踊りは元禄年間（１６８８〜１７０４）には町方屋敷の各所で散発的に踊られ始め、青山氏の治世に入ると公式に認められ、以降歴代の藩主の寛大さもあり、停止されることもなく、町方の盆の行事として定着したのである。

藩主青山氏が郡上の地に潤いを与えるために盆踊りを奨励したとの言い伝えはあながち間違いとは言えないことがわかる。

第三章　「郡上踊り」の諸相

「郡上踊り」の母体

元禄年間に踊りの機運が盛り上がり、藩主青山氏が許可した城下の町方の盆踊りはどのような踊りが母体となったのであろうか。それとも母体はなく八幡城下で単独で発生し、町人文化に支えられて発展した自己完結型の踊りであったのであろうか。大正十二（1923）年、「郡上踊り」復興の機運が高まる中、「郡上踊保存会」が設立され、大正十三（1924）年には地元の踊り愛好者によって郡上一円の集落で江戸時代以降に踊られてきた曲、忘れ去られた曲、廃絶した曲の採譜が行われ、公序良俗の観点から改曲や歌詞の改変、削除、追加もなされ、『かわさき』、『さわぎ』、『甚句』、『三百』、『猫の子』、『ヤッチク』、『まつさか』の七曲が「郡上踊り」の曲として指定された。その後、『げんげんばらばら』、『古調かわさき』の三曲が追加され十曲となっている。

これらの曲の歌詞は昭和十五年、三十年の二回にわたって一般から歌詞の募集がなされてその都度に改変がなされてきた。しかし、やや卑猥であるが、男女の情愛や人情をユーモアたっぷりに、そして的確に表現されている歌詞は昔のまま残されてきた。

それぞれの曲については『猫の子』は郡上市と近接する福井県大野市付近から移入された白山民謡の代表的な曲であり、所作や歌詞は移入先で改変されて多様である。『古調かわさき』は近接する郡

上市大和町口神路《くちかんじ》の踊り曲「川崎踊り」から採譜した曲と伝えられている。「川崎踊り」は三重県伊勢地方で享保年間に作詞、作曲された『河崎音頭』の影響を受けていると言われる。『甚句』、『さわぎ』、『まつさか』は全国各地で歌われ、囃子詞等には「伊勢音頭」の影響も見られる。『春駒』は旧曲名は『さば』であり、曲名のごとく日本海沿岸のいずれかの地で生まれ、福井県大野市経由で郡上市に移入され、一円の集落に普及した曲である。『ヤッチク』は全国的に分布する民謡踊り、また『げんげんばらばら』は中部地方の山間地で歌われていた民謡踊りである。『三百』は宝暦八（1758）年、青山氏の郡上入部を祝い踊られた曲との言い伝えがある「郡上踊り」の代表的なご当地ソングである。『かわさき』は大正十三（1924）年に盆踊り曲として、当地で作詞、作曲、振り付けがなされている。

このように「郡上踊り」の十曲の中、八幡町で生まれた曲は『三百』、『かわさき』の二曲であり、残りの八曲の中、白山麓からもたらされた曲は一曲、他は伊勢や東海の各地から移入されたものとわかる。「郡上踊り」は近隣の白鳥町で行われている「白鳥踊り」のように白山麓の民謡を歌う盆踊りではないことがわかる。十曲は八幡城下の町方文化の影響下、節や所作、そして歌詞や囃子詞が当地の風土に合うように改変され、洗練されてきた曲なのである。「郡上踊り」は全国各地の座敷歌、作業歌、俚謡にその母体があると言って良く、山間の小さな城下町で育まれ、独自の発展をなした盆踊りと言えよう。

三十二夜の「郡上踊り」

天保年間（１８３０〜４４）、郡上藩はお盆の三日間に限り、踊りを行うことを許していたが、幕末にはお盆の三日間、寺社の縁日の四日間の合わせて七日間、城下で踊られるようになっている。この経緯については不明であるが、踊りはますます盛況となっていたことがわかる。しかし、明治時代以降、盆踊り禁止令や戦争、城下の大火もあり、社会や人心は混乱し、娯楽を許容するようなゆとりはなくなり、盆踊りも衰退の一途を辿り、満州事変以後は戦没者慰霊の盆踊りなどの例外を除きほとんど行われなくなっていた。第二次大戦後は江戸時代の往時の盛況さを取り戻し、お盆の踊り日は四日間、寺社の縁日踊りは年々増え続け、三十二夜を数える長丁場の踊りとなったのである。踊り日については日本三大盆踊りとして知られる徳島市の「阿波踊り」はお盆の三日間、秋田県雄勝郡羽後町《おがちぐんうごまち》の「西馬音内《にしもない》盆踊り」も三日間であり、各地の集落の盆踊りもほとんどがお盆の期間にのみ行われており、踊りの日数において「郡上踊り」は全国でも類を見ない踊りと言ってよい。何故、このような長丁場の踊りとなったのであろうか、天保年間に盆踊りが最盛期を向かえた徳島藩の例も参考にし、盆踊りに関する郡上藩の施政について検討する。郡上八幡城下の町方、徳島城下の町方の盆踊りに寄せる双方の強い思いは同じであるが、郡上藩主青山氏は徳島藩主蜂須賀氏以上に町方の娯楽や寺社の神事芸能に寛大な姿勢を取っていた。徳島藩主は城下の町方の盆踊りに「御赦免」の許可を与えている。

天保十三（１８４２）年、町方に出した通知は、次のようである。

於市中盆踊之儀如例年十四日より十六日迄御赦免被成候事

（読み下し文）

市中に於いて盆踊りの儀は例年の如く十四日より十六日まで御赦免なされ候事

城下の盆踊りは盆の三日間に限り赦免するとの通知である。「阿波の殿様蜂須賀公が今に残せし盆踊り」と歌われるなど、「阿波踊り」はお盆の三日間、盛大に行われ、全国各地からの踊り子や見物客で賑わう。しかし、徳島藩は郡上藩とは違い、厳しい条件をつけ城下の町方の盆踊りを許可しているのである。通知はさらに続けて次のようにある。

阿波踊り（公益社団法人 徳島市観光協会）

御山下諸宗寺内に而踊申儀御法度之事

（読み下し文）

御山下の諸宗の寺内にて踊り申す儀は御法度の事

城下の寺社境内での盆踊りを「御法度」としているので

ある。また、通知は次のように言う。

内町之者共新町佐古町福島町助任町罷出踊申儀　又新町之者内町並に右所々之家へ参り云々　外町へ罷出踊申儀停止之事

蜂須賀隼人

（読み下し文）

内町の者共、新町、佐古町、福島町、助任町に罷かり出でて踊り申す儀また新町の者が内町並に右所々の家へ参り云々　外町へ罷り出て踊り申す儀は停止の事

蜂須賀隼人

町方が他の町の踊りに出向き、一緒になって踊ることを禁止しているのである。蜂須賀藩は城下での盆踊りは三日間に限り「御赦免」として許可したが、寺社の境内で踊ること、他の町筋の踊りに加わることは厳禁しているのである。このような条件もあってか、お盆の三日間は盛大に催されるが、城下にある寺社の祭礼や縁日で踊りが催されることはなく、踊り日が三日間以上に増えることはなかったのである。

他方、郡上藩は城下の盆踊りを三日間に限り「勝手次第」として許可し、他方では寺社の縁日で行われる芸能やお盆の踊りについては届出制を取り、よほどのことがない限り認可しているのである。寛政二（１７８０）年に記された『平野甚助月番日記』には、次のようにある。

岸剣宮祭礼ニ付於中河原ニ子供花踊並仕組狂言為仕度由氏子共ヨリ相願申候ニ付御届奉申上候右御聞届被下置候ハバ難有可奉存候　　酉九月名主　岩崎與兵衛　御郡代様御役所

（読み下し文）

岸剣宮の祭礼に付き、中河原にて子供花踊り並びに仕組狂言の仕度をなす由、氏子共より相願い申し候に付き、御届申し上げ奉り候、右御聞き届け下され置き候はば有り難く存じ奉るべき候。酉の九月　名主　岩崎與兵衛　御郡代様御役所

（主旨）

岸剣宮の祭礼日に中河原で子供花踊りと仕組狂言を行いたいとの氏子よりの願いを奉行所に申し上げた。奉行が申し出をお聞きくだされば有り難く思う次第です。

名主の岩崎與兵衛は岸剣宮の祭礼で「子供花踊り」を催したいとの氏子の願いを書面に記し、奉行所に許可願いを出している。寛政年間、郡上藩は城下の寺社の縁日で芸能を興行することについては岸剣宮祭礼の届けに見るように届出制を取っていたのである。また、寺社の縁日での踊りについては幕末の「名主役中心得書」には次のようにある。

山王宮岸剣宮両社御酒献シ町方惣休願之義云々
但夜宮有り又ハ踊り等仕候節ハ　　別段御達可申上事

（読み下し文）
山王宮、岸剣の両社に御酒を献じ、町方惣休み願いの義云々
但し夜宮有りまたは踊り等仕り候の節は　別段御達申し上げるべきこと

（主旨）
山王宮と岸剣神社の神事に町方が休み願いを出したが云々、但し、前夜祭で踊り等をなすには改めて届けを出すこと

「古今伝授」ゆかりの宗祇水

山王宮と岸剣神社の宵宮で踊りをなす場合は、奉行所に祭礼届けと踊りの届けも出すようにとの町方の申し合わせである。このように郡上藩は三日間の盆踊り以外については届出制を取り、名主から願いはよほどの理由のない限り認めていたのである。経済的にも台頭著しい町方への妥協なのか、藩の芸能への寛大な姿勢が以後の踊りの日数の増加を促すことになったのである。この藩の規定に従い、幕末の城下の「郡上踊り」は八坂神社の天王祭、大乗寺の三十番神祭、洞泉寺の弁天七夕祭、枡形地蔵尊の縁日でも行われるようになり、「郡上踊り」はお盆を含めて踊り日は七日間となっている。このように寺社の縁日に行われ

る縁日踊りの伝統は第二次大戦後も引き継がれ、慈恩寺の弁天祭、神農薬師祭、宗祇水神祭などの縁日でも行われるなどその日数はさらに増え、今日の三十二夜の長丁場の踊りとなったのである。一方、郡上藩は踊り子が踊り場を移動することについては徳島藩のように特段禁止はしていない。このために徳島藩と比べ城下の町方の人口が極めて少ない八幡城下では踊り好きが町内各所、そして寺社の踊り場を自由に移動しながら、七日間の長丁場の踊りを盛り上げていたのである。今日でもその伝統が引き継がれ、連日連夜、踊り場に日参し、輪踊りを指導する郡上地方でよく言われる「踊り助平」の姿がそれである。

長敬寺境内の蓮如上人御像

「郡上踊り」と浄土真宗

盆踊りはお盆にこの世に戻った先祖の霊を供養する宗教行事として古くから行われており、その起源は念仏を唱え欣喜雀躍して踊る一遍の念仏踊りにあるとされている。念仏踊りの多くは江戸時代以降、風流化し所作や歌詞も洗練され、娯楽の盆踊りとなったが、各地に残されている盆踊りの中には念仏踊りの芸態がそのまま継承されている踊りもしばしば見られる。幕末、八幡城下で行われていた盆踊りは先祖供養の踊りではなく、あくまでも町方の娯楽として始まっており、その流れを引き継ぐ「郡上踊り」も同様に所作や歌詞には「念仏踊り」のような宗教的な色彩は全くない娯楽の盆踊りとなっている。

「郡上踊り」に先祖供養の宗教的な色彩が見いだされないのは逆説的ではあるが、郡上一円に根付く浄土真宗の宗教的風土が影響していると思われる。浄土真宗の本願寺八世蓮如《れんにょ》上人は文明三（1471）年に越前の吉崎（現・福井県あわら市吉崎）に御坊を建立し、真宗布教の拠点としている。蓮如上人は「御文《おふみ》」や「六字の名号」、道場の開設等を通して「称名念仏」の功徳を人々に語りかけ、北陸一帯に浄土真宗を深く浸透させている。郡上には白山山系の峠越えで伝えられ、文明年間（1469～87）以降、蓮如上人に帰依した弟子の精力的な教化活動により多くの寺院が浄土真宗に転宗している。今日、郡上市にある百余りの寺院の中で浄土真宗は八十二寺、郡上八幡城下でも浄因寺、最勝寺、願蓮寺、安養寺、長敬寺、蓮生寺などの主なる寺院はすべて真宗の寺院である。

蓮如上人の教えは八幡城下を含め郡上一円に深く浸透し、独自の真宗風土が醸成されているのである。蓮如上人の教えは阿弥陀様が人々を救うと誓いを立てられたのだから、この「弥陀の本願」にすがってひたすら「南無阿弥陀仏」の念仏を称えることが門徒の勤めであるとした。

また、「南無阿弥陀仏」の念仏を称えることは現世に生きる者が阿弥陀様の仏恩に感謝し、報いるためであり、先祖を供養するために称えるのではないと説いている。蓮如上人はお盆に念仏を唱え、先祖の追善供養や特別な仏教行事を行うことについては否定的であった。郡上一円では蓮如上人のこのような真宗の教えが広く浸透し、お盆に行われる先祖供養の精霊迎えや精霊送り、灯籠流しなどの仏教行事はほとんど行われていないのである。蓮如上人の教えが浸透した郡上八幡城下の真宗門徒にとってはお盆に限らず、「弥陀」の恩に報いるために仏壇に花を供え、飯を盛り、念仏を称えることが日々の勤行であり、また、お盆は生業から解放される唯一の時間であり、お盆に行われる盆踊りはあくまでも先祖供養の仏教行事を意識することなく踊られる、娯楽や慰労の一時であった。

慶長六（１６０１）年建立の真宗寺院の長敬寺では毎年三月二十五日の蓮如上人の命日には各地から多くの門徒がお供え餅を持って参集し、「弥陀」の報恩に感謝し、念仏を称える法要が今日まで続けられている。なお、幕末には三日間の盆踊りの他に八坂神社の天王祭、日蓮宗大乗寺の三十番神祭、浄土宗洞泉寺の弁財七夕祭、上枡形地蔵尊祭の縁日でも踊りが行われていた。蓮如上人は文明五（１４７３）年の「御文」で「諸神並仏菩薩等不可軽之事」と記し、真宗の門徒が他の宗教の神仏、菩薩等を軽んじることを強く戒めている。

その教えもあってか、城下では真宗の門徒が他の小さな諸神を信仰することには圧力や制裁は全くなく、町方は商売繁盛、延命息災、悪疫退散等の現世利益を願い、各地から諸神を勧請し、縁日には盆踊りと同様に娯楽の縁日踊りを楽しんでいたのである。

「郡上踊り」と白山信仰

江戸時代、郡上市一円の集落の盆踊りでは『場所踊り』が主に踊られていた。踊りは白山南麓に位置する郡上市白鳥町石徹白《いとしろ》の白山への祈祷芸『バショ』に起源を持つ踊りであり、両手を後ろに組み、足で軽く地を踏む単純な踊りであった。郡上市白鳥町長滝にある美濃側の白山信仰の拠点長滝白山神社がその中心であり、近隣や遠方からの踊り好きも混じり、夜遅くまで神社拝殿で踊られていた。踊りでは石徹白からやって来た若者が最初に白山を褒め讃える歌詞を歌いながら『バショ』を踊ること、「白山」を歌わない踊りは正式の盆踊りとは見なさないとの不文律がある白山色の濃厚な踊りであった。『バショ』は白山信仰が根付く大和町、白鳥町、高鷲町、明宝等の郡上一円の集落にも伝わり、白山神を祀る集落の神社でも盛んに踊られるようになっていた。明治時代以降は作業歌、俚謡、祝歌等の民謡が各地から流入し、『バショ』は踊られなくなることで、集落の盆踊りでの「不文律」もなくなり、盆踊りからは白山信仰色が消え去ってしまうのである。しかし、今日、郡上一円の集落で踊られている盆踊りは享保八（1723）年にはすでに行われていた長滝白山神社の盆踊りを継承した踊りであり、白山信仰の面影は見られなくなったが、白山の神を崇拝し、石徹白の豊穣や息災も祈願する祈祷芸『バショ』の精神が脈々と流れているのである。

一方、八幡城下の町方の盆踊りを継承した「郡上踊り」は同じ郡上の地にありながら、『バショ』が全く踊られて来なかったことである。同様のことが八幡町以南の美並《みなみ》町、和良《わら》町でも言える。

郡上市の神社は、無格社を含め二百八十社あり（大正九年調査）、その内、白山神社は六十八社。当時郡上には一町十六ヶ村が置かれていたが、これらのほとんどに白山神社が勧請されていた。八幡城下には郡上一円の集落とは違い白山神社や白山神を祭祀する神社がなく、白山信仰の流布した地によくある白山の開祖泰澄《たいちょう》大師の奇蹟や奇瑞等の伝承も伝わっていない。八幡城下では天正年間（1573～91）に日吉神社が島谷の地に、また慶長十九（1614）年には柳町に岸剣神社が勧請され、さらに寛文年間（1661～73）には城下町の町割りが始まり、城下には種々の小さな諸神が勧請され、住民の崇拝の対象となってきたが、白山神は勧請されずじまいであった。長滝白山神社から発せられる白山信仰の教線は城下周辺の集落で止まり、城下の町方の生活や風俗、習慣に浸透することはなかったのである。白山信仰とセットとなって普及し、白山信仰の濃厚な地の白山神社拝殿で踊られてきた『バショ』はこのような八幡城下の宗教風土の中では踊られることはなかったのである。

「郡上踊り」は郡上の集落の盆踊りの影響を受けきたが、白山信仰は受容されず、『バショ』も踊られることはなく、同じ郡上の地にありながらも白山信仰とは関係のない娯楽の盆踊りとして、形態や所作は独自の発展の経路を辿ったのである。

『古調かわさき』考

「郡上踊り」の踊り始めは素朴な所作の『古調かわさき』で始まり、郡上八幡の名所尽くし『まつさか』で一夜の踊りは終了する。ともに伊勢音頭と関係がある曲であり、『まつさか』では伊勢音頭の『ヨィヤナーヤァトセー』の囃子が入り、その影響が明確に認められる。『古調かわさき』は歌詞や囃子には伊勢音頭の影響は見られないが、「伊勢音頭」は別名「河崎音頭」とも呼ばれており、曲名はその「河崎」から取られたとの言い伝えがある。また、伊勢から伝えられたとする郡上市大和町口神路の「川崎踊り」とはなにがしか関係があるとされる。「伊勢音頭」は享保年間（1716～36）に奥山桃雲が従来から伊勢地方にあった民謡や盆踊り曲を改作し、河崎の住民の伊藤又市に作詞を、鍛治屋長右衛門に節付けをさせ、世に出した音頭であり、歌詞は「盆と正月と一しょに来たら　火鉢だかえて　かやの中」、「盆の来たのに　踊らんものは　踊きらいか　かだものか」等の七七七五調の小唄、囃子は「ヨ～イイヤ～サアアサアヤレコラホイ　ソラ～ドーッコ～イトセイ」、「ア～ヨ～イセ～ソ～コセ～」などである。

河崎は諸国から伊勢地方への物資の集散地として繁栄した地であり、付近には古市の遊郭も形成されていた。「伊勢音頭」はこれらの妓楼の座敷でも踊られるようになる。踊りは踊り子の芸妓が十名ずつ左右の花道から登場し、「ヨイヨイヨイヤナ」と囃しながら舞台の中央ですれ違い反対の花道に消えていく。この間、囃す者以外の踊り子は何も歌わず、左右の手を上下するのみの単純な踊りであった。囃子には三味線、太鼓、鼓、胡弓も取り入れられていた。河崎は伊勢路を往来する商工者や伊勢参詣者にとって伊勢の文化にふれる地域であり、「伊勢音頭」はこの古市からこれらの人々によって全国各地に発信されていったのである。

郡上市大和町口神路の白山神社では江戸時代以降、五穀豊穣を祈願し、定期的に神楽が奉納されてきた。集落総出の行事であり、その踊りの一つが「川崎踊り」である。踊りの形態は踊り子が花道から踊りながら出てくるのだが、その所作は右足を踏み出し、右手を挙げ、次に左足を踏み出しながら左手を挙げ、両手を伸ばし手を打つようにして指先を合わせ、体を右、左に曲げ、次に両手を挙げ、輪を作る格好をするのである。節はスローテンポの七七七五調、歌詞は「もはや河崎は　やめてもよかろ天の川原が　西東」等である。囃子詞は「ア、ソ～レシ～テ～ヨ～　ハーハトナ～ソ～レセ」である。

大和町口神路の「川崎踊り」は仮設の花道で行われること、手足の所作が単純であること、歌詞が七七七五調の小唄であること等、「伊勢踊り」とよく似ているのである。当地には「川崎踊り」は伊勢地方から伝えられたとの言い伝えも残されており、恐らく、口神路からの伊勢参詣者等によってもたらされた「伊勢音頭」が所作や歌詞、囃子が当地の風土に合うように改変され、「川崎踊り」として踊られるようになったと思われる。

さて、本題の『古調かわさき』であるが、右足、右手を挙げ、続いて左足、左手も上げ前進する所作は口神路の「川崎踊り」と良く似、また、囃子の「アソンレンセ」は「川崎踊り」の「ア、ソ～レシ～テ～ヨ～　ハ～ハトナ～ソ～レセ」と類似しているのである。

『古調かわさき』は伊勢音頭の影響を受けた口神路の『川崎踊り』と大きな類似性をもつことがわかるのである。「伊勢音頭」は、前述したように、享保年間に作詞・作曲振り付けがなされている。

一方、郡上一円の集落の盆踊りは享保年間に伊勢音頭が整えられる以前から踊られており、口神路の集落の農民の踊りでもある『川崎踊り』も同様であったとようだ。その後、口神路の踊りは伊勢音頭の影響を受け『川崎踊り』と呼ばれるようになったのである。『古調かわさき』は、この集落の農民の踊りである『川崎踊り』を取り入れ改作などをして「郡上踊り」で踊られるようになったと思われる。その後八幡城下の町方の盆踊りの中に取り入れられ、洗練された踊り曲の多い『郡上踊り』の中で、農作業を模したような素朴さが際立つ曲である。

「郡上踊り」存続の要因

江戸時代後期に最盛期を迎えた「郡上踊り」は明治時代以降は政府の近代化政策や相次ぐ戦争等もあり、衰退を余儀なくせられていた。しかし、大正十二年には「郡上踊保存会」も立ち上げられるなど、城下の人々の地道な努力もあり、盆踊りの伝統は消えることなく継承され、第二次大戦後は新たな発展を見ることになるのである。「郡上踊り」がこのように継承されてきた要因については人為的な貢献もさることながら、「郡上踊り」が本来的に持つ構造的な要因も大いに関わっているのである。

室町時代に大衆芸能として庶民に愛好された「幸若舞」は江戸時代には武士階級が独占し、武家社会の式楽となることで繁栄するが、明治維新の武家階級の消滅とともに急速に衰退し、芸能の表舞台から完全に姿を消している。これは「幸若舞」が大衆の間に根を下ろした芸能ではなく、特定の階級にのみ支持された芸能であったがため、後継者、愛好者が広汎な庶民の間からついに出ることはなかったからである。

「郡上踊り」は城下の人口の大半を占める町方に支えられた大衆芸能であった。明治維新によって郡上藩は消滅し、武家階級はなくなったが、町方が育んできた「郡上踊り」はその後も城下の人々に愛好され、支持されることで広範な広がりを持つようになっていた。たとえ禁止令によって抑圧されようとも、また戦時下であろうとも、大衆の間からは後継者や愛好者がたえず輩出され、彼らの支持によって「郡上踊り」の芸態は粘り強く引き継がれていったのである。

一般的に長く存続してきた民俗芸能はともに「娯楽」と「信仰」の二つの要素を合わせ持っている。「郡上踊り」も同様に町方の娯楽の盆踊りであると同時に寺社や小祠の縁日に商売繁盛、息災延命を祈願して踊られる神事芸能の特徴も備えていた。「郡上踊り」の四日間の盆踊りは信仰色は全くなく、県内外の人々が娯楽としての盆踊りを徹夜で楽しむ。娯楽の盆踊りは楽しく、娯楽としての魅力が増せば大衆の広範な支持も得られやすいが、大衆の嗜好は移ろいやすく気ままであり、娯楽のみの芸能は早晩、他の魅力的な芸能に取って変わられ、長くは続かないのである。しかし、神事芸能は神に願いや感謝の気持ちを芸能で表現するものであり、信徒の内奥に深く根付いた神へ崇敬の心は簡単に消えるものではなく、芸能自体は永続性を自らに秘めているのである。

「郡上踊り」は移ろいやすい大衆の支持を受けた「娯楽」と「信仰」が持つ永続性が構造的に内包された芸能であり、娯楽のみに偏ることなく、また信仰に偏ることもなく、双方が抑制と均衡を働かせながら踊りを支え、存続させてきたのである。

第四章　「郡上踊り」の発展

「郡上踊り」の復活

江戸時代、各地で盛んとなっていた盆踊りは明治政府の近代化政策によって改廃されるべき陋習とされた。明治七（1874）年、岐阜県は明治政府の方針に沿い、他県に先駆けいち早く次のような布達を県内の市町村に出している。

旧来村町ニ依リ盆踊リト唱　老幼男女群集無益之事ニ時日ヲ費シ加之間
不行体之儀モ有之趣以ノ外ノ悪習ニ候間　自今一切不相成候　今後心得
違ノ者之ハ取締番人ニオイテ見付次第名前取糺シ可申出筈ニ候条兼テ可相
心得此段及布達候事　右之趣無漏触示モノ也

（読み下し文）

旧来村町に依り盆踊りと唱え、老幼男女が群れ集り、無益の事に時日を費し
加うる間　不行体の儀も有るの趣き、以の外の悪習に候、今より一切相成されず候今後、心得
違の者は取締番人において見付け次第　名前を取糺し申すべきてはずに候条兼て相
心得るべく此の段及び布達候事右の趣き漏れなく触れ示すもの也

（主旨）

以前から村や町で盆踊りと言い、老若男女が群れ集まり無駄に時間を浪費し、中にはあるまじき行いをなす者もいると聞く。これは以ての外であり、今後は一切してはならない

もし違反の者がいたならば見付次第、名前等を聞きだすことになるから気を付けることである。

この旨をもれなく住民に知らせること

この布達により江戸時代以降続けられてきた八幡城下の盆踊りは悪習と見なされ、さらに明治十五（1882）年には風紀を乱すものとして厳禁されるのである。その後、禁止令は解かれたが、盆踊りの衰退は止まず、大正三（1914）年の第一次世界大戦、大正七（1918）年の米騒動、大正八（1919）年には八幡町の大火もあり、全国各地の集落の盆踊りと同様に八幡城下の盆踊りはほとんど行われなくなる。

しかし、このような時代の風潮や戦争、社会情勢の混乱の中にあっても、八幡町では江戸時代から醸成されてきた町民の踊りへの強い愛着と思い入れは、この期間中も消滅することなく受け継がれていたのである。大正デモクラシーが広く普及し始めた大正十（1921）年頃は民俗芸能が再び注目され始めた時期であり、歌詞や節、所作を一新した盆踊り大会や民謡大会が東京で開かれるまでになっていた。大正十四（1925）年には東京放送局が開設し、盆踊り歌や民謡は人々の間で広く普及するようになる。

郡上八幡では大正十一（1922）年、「郷土芸術を永遠に保存せん」との盆踊りに強い愛着を抱く町民によって「郡上踊保存会」が警察当局との幾度かの交渉の末、郡内の町村に先駆けて立ち上げられている。この「保存会」の立ち上げこそが八幡の人々が踊りにかける愛着と意気込みを象徴するものであり、それは多くの八幡町民の支持があったからこそできたものである。「郡上踊り」と同様に日本三大盆踊りの一つに数えられるまでとなった秋田県雄勝郡羽後町の「西馬音内盆踊り」もこの時期に住民の強い意向と支持によって当局の圧力を跳ね返し、「保存会」が立ち上げられている。「郡上踊保存会」は踊りが卑猥、放縦に流れないように踊り曲の指定や踊り場の風紀の改善に努め、他方では県内外への普及活動をも組織的に行うことで細々とではあるが盆踊りは大正デモクラシーのうねりの中、新たな歩みを踏み出したのである。「保存会」のこれらの活動の成果は太平洋戦争開始の昭和十六（1941）年に出された「郷土娯楽盆踊ニ関スル件」に見ることができる。大政翼賛会郡上支部、郡上地方事務所、八幡警察署等は連名で次のような通知を出している。

盆踊リハ単ナル享楽ニ終ワラシムルコトナクコレヲ通ジ協同和楽ノ精神ヲ昻メ以テ職域精励、能力増進ノ一助タラシムルコト

「郡上踊り」は禁止されるのではなく、「大政翼賛」の踊りとすることでその存続が認められているの

である。当局には「保存会」の普及活動と「郡上踊り」が「協同和楽ノ精神」を高める健全な娯楽として映ったのであろう。そして、「郡上踊り」を無碍に禁止することはせず、翼賛体制の中に組み入れ、「職域精励、能力増進」の一助としたのである。

各地の盆踊りが廃絶する中、「郡上踊保存会」は軍隊慰問、工場慰問、戦没者追悼などの翼賛踊りを行い、踊りは細々とであるが続けられてきたのである。今日から見れば翼賛盆踊りには賛否はあろうが、「保存会」の積極的な普及活動が認められ、戦時下で翼賛盆踊りとなることで「郡上踊り」は途絶えてしまうことなく継承され、戦後の来るべき隆盛への糸口をつかんだとも言えるのである。「郡上踊り」が明治以降に幾度となく直面した廃絶の危機を乗り切ってきた要因は江戸時代の盆踊りにかける町方の情熱とそれを受け継いで全国に先駆けて立ち上げられた「郡上踊保存会」の地道でしぶとい活動の成果にほかならないのである。

「郡上踊り」の普及活動

第二次大戦後、「郡上踊保存会」は「郡上踊り」の普及活動に積極的に取組み、各種の民謡大会や踊りコンクール等に出演したり、囃子や踊りの講習会等を行うことで「郡上踊り」の魅力や楽しさを全国各地に伝えてきた。「郡上踊り」が全国的に知られるようになった要因の一つに六十五年間にわたって今日まで一度も途切れることなく、毎年発行されてきたポスターがある。これら一連のポスターは世相や時代の流行に合わせた斬新なデザインで「郡上踊り」のコンセプトを訴え、「郡上踊り」への興味、関心を喚起させてきたのである。

昭和二十五（1950）年から昭和三十二（1957）年までのポスターは手拭いを軽く頭に掛けた浴衣着の女性が『かわさき』を踊る姿が主に描かれている。文言は「踊りの郡上八幡」とあり、「郡上踊り」の文言は使用されず、踊りを通して郡上八幡町を知ってもらうおうとの思いが感じられる。八幡町の観光に力点が置かれたポスターである。踊りの主催者は郡上八幡観光協会、郡上八幡町、郡上八幡商工観光協会と年ごとに違い、この時期、「郡上踊り」復活に向けて組織が動き出したばかりであり、普及活動は手探りの状態であることがわかる。

昭和三十三(1958)年、「郡上踊り」は岐阜県重要無形民俗文化財に指定されている。ポスターで「郡上おどり」の文言が使用されたのはこの年以降である。この年から昭和三十七（1962）年にかけてのポスターは『かわさき』を踊る踊り子の背後に月明かりに照らされた郡上八幡城が図案化されるようになる。手を額の上にかざし、お城を見上げる踊り子の所作には城下町の盆踊りならではの風情と情緒が感じられる。また、図案には「郡上おどり」の文言が大きく書かれるようになる。町当局は「踊りの郡上八幡」の文言から「郡上おどり」の文言にシフトさせ、「郡上踊り」そのものを単独でPRしようとする姿勢に転じたのである。昭和三十八（1963）年から四十二（1967）年にかけてのポスターは踊り屋形とそれを取り巻く大勢の踊り子の輪が図案化されている。「郡上おどり」の名は人々によく知られるようになったことから、さらに一歩進んで「郡上おどり」の形態や踊り場の賑やかな様子や雰囲気が図案化されるようになる。「郡上おどり」のＰＲが新しいステージに入ったのである。昭和四十三（１９６８）年から四十六（１９７１）年にかけてのポスターでは軒瓦と連子格子の町屋、吉田川を挟み整然と町割りされた八幡城下の夜景、そして月明かりに照らされたお城をそれぞれ背景にして、『かわさき』を楽しく踊る浴衣着の女性が図案化されている。

城下町の風情を偲ばせる一断片を図案化することで、「郡上おどり」が江戸時代から受け継がれてきた数少ない城下町の踊りであることをＰＲしているのである。昭和四十五（１９７０）年、日本国有鉄道は個人旅行客の増大を意図し、「ディスカバージャパン」と銘打ったキャンペーンを始めている。副題は「美しい日本と私」であり、以後「いい日旅立ち」、「一枚の切符から」等のキャッチコピーも生まれ、日本の美を求める旅が一大ブームとなっている。「郡上おどり」のポスターにも国鉄のキャンペーンに沿った図案が見られるようになる。昭和四十八（１９７３）年から昭和五十八（１９８３）年頃までのポスターは踊り屋形に吊られた提灯、闇に浮かぶ八幡城、町屋の風情が残る町並を図案化し、郡上八幡、そして城下で行われる「郡上おどり」が今も残る美しい日本

1953年ポスター

1989年ポスター

の風景であることを紹介している。

また、笑顔の踊り子や踊り曲の『ヤッチク』、『げんげんばらばら』等の所作を図案化することで「郡上おどり」の楽しさを伝えようともしている。また、この時期のポスターには郡上八幡への交通アクセスが必ず表示されるようになり、さらに「踊り手の輪が燃えてゆらめく夏の夜」、「夜風にゆれるきみが黒髪　ああほんのりと頬そめて　郡上八幡ときめきの夏」等の情緒的な文言も添えられている。郡上八幡観光協会は時代の風潮に合わせた図案やキャッチコピーを文言として取り入れるなどして踊り客の誘致を図っているのである。

昭和五十九（１９８４）年から平成五（１９９３）年頃までのポスターは引き続き国鉄のキャンペーンに沿いながらも、今までのポスターの図案を一新させ、「郡上おどり」の様子を紙人形や切り絵、墨絵で図案化し、日本の美を工芸的な手法で幻想的に表出させている。

平成六（１９９４）年以降のポスターの図案はさらに深化し、「郡上踊おどり」がふるさとの城下町郡上八幡で育まれた踊りであることをお城、城下の町並み、吉田川、連子格子等と踊り子を組み合わせ、色彩も鮮やかな絵画で表現している。また、踊り子に老人や子供、さらにはクワガタやセミ等の昆虫や子犬、子猫まで登場するなど、踊りが子供の頃の故郷の楽しい思い出の一コマであることをも伝えようとしている。近年は「郡上おどり」のコンセプトは、環境保全の高まりもあってか「水の城下町」「清流の城下町」の文句で「清流の町の盆踊り」を伝えようとする意図が図案から見て取られる。

過去六十五年にわたって発行されてきた「郡上おどり」のポスターはいずれも月、白壁の城、城下の町並みを題材として取り上げ「城下町の盆踊り」を強調しているが、図案、デザイン等にはマンネリ化は全く見られない。ポスターは時代の流れや風潮をしっかりと捉え、それに合わせて訴える内容が図案化されており、さらに図案が段階を追って深化していることがわかる。八幡町、観光協会の時代認識や戦略性、そして時代の変化に合わせた柔軟性のある粘り強い普及活動を見て取ることができる。「郡上踊り」が県内外の多くの人々にその名を知られ、今日では「日本三大盆踊り」と言われるまでの隆盛を築くことになったのは他でもないこの長期にわたり発行されてきたポスターが大いに貢献しているのである。

1995年ポスター

今後の「郡上踊り」

今日、日本の多くの市町村では七月から八月にかけて、町内会等が主催する大小の盆踊りが催されている。これらの中、集落の踊りにその系譜を持つはものは数多く見られるが、「郡上踊り」のように城下町の町方の盆踊りが引き継がれているのは極めて少ない。また、三十二日にわたる長丁場の盆踊りは「郡上踊り」を除いて他には見られない。大半はお盆の期間中を含め三日前後である。

このように他では見られない特徴を持つ「郡上踊り」は明治時代以降、幾度かの廃絶の危機に直面したがそれを乗り越え、今日の盛況を見るまでとなった。しかし、近年は全国的に人口減による自治体の消滅が叫ばれ、各地にある多様な芸能そのものも存続が問われる時代となっている。貴重な民俗芸能である「郡上踊り」を廃絶の危機から守り、後世に引き継いでいくためにはどのような手だてが必要なのであろうか。

今日まで「郡上踊り」は県外、市外からの観光客を増やすことに重点を置いてきたが、それと並行して今後は原点に立ち返り、「城下町の町方の盆踊り」として地元の踊り愛好家を少しでも増やすことが必要である。「郡上踊り保存会」によって現在も各種の取り組みがなされているが、特に地元の幼稚園、小、中、高校への働きかけをさらに強め、「郡上踊り」の楽しさを遊戯の観点から、運動の観点から、郷土史の観点から園児や児童生徒に実施を通して教えることである。「郡上踊り」は所作が覚えやすく、園児にとっては楽しい遊戯、体育の時間となるかもしれない。また、『かわさき』や『まつさか』等の踊り曲には郡上の歴史や名所、旧跡が多く歌い込まれており、郷土の歴史を知るには格好の教材でもある。曲に歌われた名所、旧跡、事跡などの巡回を学習過程に組み込むことも必要であろう。多感な時期に、盆踊りの歌詞を通して学んだ郷土史は、児童生徒の心の中に終生忘れずに残り、郷土への思い、「郡上踊り」への愛着はいずれの日にか郷土愛の行為となって現れるであろう。予想される郡上市の人口減の状況下、教育への働きかけは人口流出の歯止めと「郡上踊り」の後継者育成の一助になると思われる。

地元の踊り愛好家を増やすもう一つの手立ては寺社や小祠の縁日で踊られている「縁日踊り」を充実させることである。信仰心は永続性を伴うものであり、信仰によって裏付けられた「縁日踊り」は簡単には廃絶せず世代を越えて、長く継承されていくものである。氏子や檀家の人々にとってそれぞれの「縁日踊り」は信仰の再確認の場であり、信徒の踊りということもあって境内や祭壇の前で行われる踊りは身近に感じられるものである。今日では三十二夜の「郡上踊り」で「縁日踊り」の日数はその過半数に及び、「郡上踊り」と言えば「縁日踊り」と言っても過言ではないほど深く入り込んでいるのである。「縁日踊り」は踊り子の数は少ないが、踊り場では地元の親子連れ、恋人同士、老若男女が音頭取りと一体となり、ゆったりと自由に踊る姿がしばしば見られるのである。「縁日踊り」は、八幡城下の人々に根付いた踊りなのである。

地元の踊り愛好家を増やす手立てはこの「縁日踊り」に色どりを与えることである。八月七日の洞泉寺の「弁天七夕祭」の縁日では境内には檀家や園児が作った七夕飾りがめぐらされ、対岸の踊り場に至る道には願いごとや俳句の短冊が飾られる。本堂では居並ぶ中、住職によって読経がなされる。

毎年開催される「郡上おどり in 青山」

その後人々は灯の道しるべをたよりに踊り場となる本町まで歩むのである。このように「縁日踊り」を大切にし、縁日の個々の特色を出した踊りとすることで、「郡上踊り」は町民の愛する踊りとなり、さらに活性化するのではなかろうか。

次に普及活動であるが、戦後、郡上八幡観光協会は「郡上踊り」の普及に向けて、月、清流、八幡城、城下町と踊りを組み合わせ、「郡上踊り」の魅力をＰＲすることで観光客と踊り客の誘致を図ってきた。今後はこの手法をさらに発展させ、踊りの魅力だけではなく、「郡上踊り」が全国的に見ても極めて少ない「城下町の盆踊り」であることも明確にし、八幡城や城下町の歴史や名所旧跡を廻る城下町観光をも取れ入れるような試みを考えていくことである。

また、対外的には「郡上踊り」と同様の城下の盆踊りである「阿波踊り」と連係し、「城下町の盆踊り」と大々的に銘を打った盆踊りの大会を両都市で相互に行い、観光客の誘致を図ることも考えられる。近年、郡上藩主青山氏の上屋敷跡地があった青山（東京都港区青山）で「郡上おどり」が盛大行われるようになっている。当日、青山通りには浴衣着の踊り子や「郡上おどり」の名の入った手拭いを肩に掛け、会場へと向かうく人々の姿が多く見られ、東京でも「郡上おどり」の愛好者が増加していることが実感できる。今後は青山商店街の協力を得て青山氏の菩提寺「梅窓院」のある青山三丁目付近を「縁日踊り」さながらの風景に仕立てて「縁日踊り」を行い、その前後に「郡上おどり」の講習会を開くなど、郡上八幡町、そして「城下町の盆踊り」を広く都民にＰＲすることも考えてもよいのではなかろうか。

一方、「城下町の盆踊り」のみならず「郡上踊り」の特徴を強調することも大切であろう。

各地の盆踊りは先祖供養の念仏踊りであったり、集落の氏子の盆踊りである例が多く、他所の者はなかなか踊りの輪には加わることができないのが普通である。「郡上踊り」は風流化した娯楽の踊りであり、所作も平易で、誰でも直ぐに輪に入ることができ、どのような格好で誰が踊っても違和感がない。

このような特徴を持つ「郡上踊り」を他の盆踊りとの比較で、年齢、男女、地元民を問わず、自分で踊り、自分で楽しむ踊りであることを強調するＰＲも併せて行うことである。また、同様の近隣の盆踊りである「白鳥踊り」等と「盆踊りツアー」を組み、人々に盆踊りの多様性を知る機会を提供することも考えられる。近年、八幡町では「郡上踊り」をこよなく愛し、主に踊りのために八幡町への転入をなす踊り愛好家が現れているのも心強い。

「郡上踊り」の愛好者増大の視点から人口減、少子高齢化等の郡上市が現在抱える問題点の解決の手だてが見えてくるのである。

第二編　白鳥《しろとり》踊り

序章　白山麓の町　白鳥町《しろとりちょう》

岐阜県郡上市白鳥町は、八幡町の北約二十キロメートル、長良川の上流部に位置し、町域の大半を白山山系の山々と小高い山地が占める山間の地である。集落の多くは長良川が堆積した狭い平地や谷間から流れ出る河川沿いに立地している。集落の歴史は古く、元和二（1616）年の「美濃国村高帳」には白鳥町の集落として次ぎの二十一ヶ村が記されている。

中津屋村　大島村　為真村　白鳥村　越佐村　向小駄良　二日町村　長滝村　歩岐島村　前谷村
阿多岐村　野添村　橋詰村　陰地村　栃洞村　中西村　畑ヶ谷村　折村　藤林村　高久村　那留村

これらの村は宝暦年間（1751〜64）には十九ヶ村、幕末には二十一ヶ村となり、明治二十二（1889）年には牛道村、上保村、北濃村の三ヶ村に統合されている。三ヶ村の人口は合わせて七千九百二十人、戸数は千三百五十九戸であり、中でも上保村の規模が大きく、人口は八百二十二人、戸数は百五十五戸であった。その後、市町村制の施行により郡上郡白鳥町となり、平成十二年には平成の大合併により郡上市白

白鳥町の風景

鳥町となっている。なお、白山の登拝口に位置する石徹白の集落はかっては福井県大野郡に属していたが、白鳥町と地理的にも近接することもあり、昭和三十二年、越県合併により白鳥町に編入されている。

白鳥町の北方には白山が聳え、白鳥町長滝には白山の開祖泰澄《たいちょう》大師が養老元（717）年に創建したと伝えられる長滝白山神社が鎮座している。神社は美濃側の白山信仰、白山登拝の拠点であり、南北朝時代以降は東海地方からの白山参詣者で賑わい、「神殿仏閣三十六余宇、六谷六院、僧坊三百六十」、「上がり千人、下り千人　菅笠の尾が触れる」と称せられるなど繁栄している。山麓の白鳥町一円では古くより白山を農業用水を豊富に供給する神の山として畏敬する白山信仰が根付き、室町時代以降、多くの集落には本山の長滝白山神社から勧請された白山神が氏神として祀られるようになっている。長滝白山神社から発せられる法会や白山神事、祭祀の影響もあり、白鳥町一円の集落では村人総出で本山に倣って白山神に五穀豊穣、村民快楽を祈願する神事祭礼が行われるなど、白山信仰は集落の風俗、習俗に深く入り込んでいる。

白鳥町一円の白山信仰の浸透の度合いを示す指標として白山神社の数及び白山の開祖泰澄大師にまつわる奇瑞伝承の有無が挙げられる。江戸時代、百余りの郡上郡の集落の内、六十五余りの集落には長滝白

美濃馬場・長滝白山神社

山神社等から勧請された白山神が氏神として祀られていた。中でも大和町、白鳥町、高鷲町の長良川上流の「上之保筋《かみのほすじ》」と呼ばれる集落には多く、白鳥町では村社以上の二十七社の内、白山神社は十四社とその過半数を占めている。一方、養老元（717）年、白山頂上に白山三所権現を祀り、美濃側に下山し長滝白山神社を開いたとされる泰澄大師にまつわる伝承も白鳥町の集落には残り、白鳥神社及び石徹白、那留、阿多岐、中津屋の集落の白山神社は泰澄大師の勧請とされ、町内の寺社や名所旧跡にも大師お手植えの桜、腰掛け石、法衣を掛けた桜などの奇瑞や伝承が今日まで受け継がれている。

第一章　今日の「白鳥踊り」

白鳥町の芸能風土

長滝白山神社では宝治二（1248）年から明治元（1868）年までの六百四十年にわたって「法華八講」が催されてきた。そして、終了後には慰安を兼ねた後宴の「延年」が催され、多くの僧侶や神官、山伏等によって能、管弦、舞、歌舞、物真似、弁舌など当時に流行した様々な芸能が奉納されていた。特に修正会終了後の一月六日に白山神に五穀豊穣、天下太平を祈願して行われる「延年」は地元では「六日祭り《むいか》」とも呼ばれ、近隣、在郷の農民が多く見物に訪れ、境内は大変な賑わいを見せていた。長滝白山神社の慶安元（1648）年に記された『修正延年並祭礼之次第』には「延年」に関して次のような記述がある。

六日祭の作方先越前の大和五郎太夫十二月ニ当地ニ来り、極月二十五日寺家衆も稽古して七番の能有則祭礼は六日の夜也　是も天文の比より能は懈怠也

天文年間（1532〜1555）の頃まで、越前（福井県）から大和五郎大夫が定期的に長滝白山神社を訪れ、神官や僧侶に七番の能の稽古をつけ、その成果が「延年」の夜の部で演じられていたとの記述である。

また、神社には宝治年間からの神事や法会を記録した『荘厳講執事帳《しょうごんこうしつじちょう》』が残されており、永禄十一（1568）年には、次のような記載が見られる。

永禄十一年八月二十一日、越前ヨリ大和五郎大夫罷越法楽仕候　初日ニ能七番、次日同七番仕候、郡内之衆数多御見物ニ候、郡内モ無為ニして世上一段クツロキ以珍重ニ存候　経聞坊良雄大ツツミを出候て打候、同笛等覚坊弟子弐位公、太鼓ハ真如

坊弟子大納言打候

（読み下し文）
永禄十一年八月二十一日、越前より大和五郎大夫が罷り越し、法楽を仕り候、初日に能七番、次日に同七番仕り候、郡内の衆数多く御見物に候、郡内も無為にして世上一段くつろぎ以て珍重に存じ候　経聞坊良雄大鼓を出し候て打ち候、同笛は等覚坊弟子の弐位公、太鼓は真如坊弟子の大納言打ち候

越前から大和五郎が長滝白山神社に定期的に来訪し、僧侶や神官に能を教えていたこと、そして、その成果を郡内の多くの農民が見物する「延年」や演能会で披露していたのである。永禄年間、能は高級武士の独占的な芸能であったが、白鳥町の集落の農民は普通では全く鑑賞することのできない大和猿楽座仕込みの洗練された能に長期間に渡って慣れ親しみ、楽しんでいたことがわかるのである。越前の政情不安により大和五郎太夫の長滝寺への来訪もなくなり、能は永禄十一（１５６８）年以降には衰微し途絶したが、「延年」の他の芸能の奉納はその後も続いている。『荘厳経執事帳』には江戸時代の「延年」の盛況な様子が次のように記されている。元禄三（１６９１）年には次のようにある。

旧冬より雪一円無之　六日祭礼之節見物人多有之　諸商人など寺庭ニ而見せ棚を出近代珍敷事共也

（読み下し文）

旧冬より雪一円に無く、六日祭礼の節　見物人多数あり。諸商人など寺庭にて見せ棚を出し、近代珍しき事どもなり

また、寛政十三（1801）年には「六日天気吉　例年之通祭礼参詣五百人ばかり」とあり、享和二（1802）年には「当年ハ雪も無故にや三千人も参詣人有之也」と記述されている。安政四（1857）年には、次のようにある。

参詣人八百人程　商人廿人程之付上ヶ　参銭は貳〆文ばかり　首尾能安相済

（読み下し文）

参詣人八百人ほど　商人二十人程付き上げ　参銭は貳〆文ばかり　首尾よく安んじ相い済す

神社への参拝と「延年」の見物を兼ねた参詣人は社会情勢や天候不順等によってその数には変動があったが、例年は千人前後が近隣、在郷から訪れ、境内には店も出るなど盛況であった。

このように白鳥町の集落の農民は「延年」を通して当時の流行の芸能に長期にわたり身近に接することで、芸能への憧れや自らも舞い、踊り、歌いたいとの願望が長い年月をかけて育まれ、白鳥町の芸能風土として形成されていったのである。

「白鳥踊り」の特徴

白鳥町の集落では江戸時代中期頃から寺院の境内や神社拝殿で盆踊りが催されてきた。これらの集落の盆踊りは明治維新以降の禁止令や度重なる戦争、自然災害にも途絶えることなく踊り続けられてきた。第二次大戦終了後、白鳥町白鳥では昭和二十二（1947）年に「白鳥踊り保存会」を立ち上げ、「白鳥踊り」の充実を図っている。その後、経済の発展により生活にも余裕が出た踊り客や観光客が当地を訪れるようになり、踊りも年々盛況さを増していった。踊りの形態は屋形から流れる音頭取りの音頭と太鼓、三味線、笛の囃子に合わせて踊る輪踊りであり、今日では商店街を中心に日替わりで踊り場を変え、十九夜にわたって踊られる。お盆の三日間は徹夜踊りが行われ、屋形を二重三重の踊り子が囲み、盛大に行われる。また、踊り日に合わせて宝暦四（1754）年に郡上一円の集落を巻き込み起こった「郡上一揆」を題材に野良着姿と草鞋を履いた一揆農民が口説きの歌詞と太鼓の拍子に合わせて踊る「郡上宝暦義民太鼓」がプレ・イベントとして上演される。
一方、白鳥町のそれぞれの集落では江戸時代の盆踊りの形態が残る「拝殿踊り」が踊り好きによって踊られてきた。「拝殿踊り」は享保八（1723）年の時期に白鳥町長滝の長滝白山神社境内で踊られていた盆踊りの流れを汲む踊りであり、それぞれの集落の氏神を祀る神社の拝殿で行われてきた。踊りの形態は太鼓、笛、三味線の囃子はなく、天井から吊られた悪霊封じの切り子灯籠の下、踊りながら誰彼と無くお互いに音頭を取り、その音頭に合わせて下駄で拝殿の板を踏みならし、リズムを取り、輪になって踊る素朴な踊りである。「拝殿踊り」は昭和四十（1965〜）年代以降、商店街での踊りが盛んになるにつれ衰えはしたが、廃絶することなく細々と踊られていた。平成八（1996）年に「白鳥の拝殿踊り」として白鳥町重要無形文化財に指定されたことにより賑やかとなり、今日では「白鳥踊り」の期間中の五夜、白鳥町長滝、前谷、白鳥、野添のそれぞれ集落で踊られるようになっている。

踊りは集落の精神的な紐帯ともなる氏神の狭い拝殿で行われることもあって、浴衣の袖や裾もふれ合うなど非常な盛り上がりを見せる。

このように「白鳥踊り」は、「商店街の踊り」と「拝殿踊り」から成り、『場所踊り歌』『源助さん』『シッチョイ』『八ッ坂』『猫の子』『神代《じんだい》』『老坂《オイサカ》』『世栄《よさかえ》』の指定八曲が踊られる。

しかし、「拝殿踊り」では指定曲以外の『さのさ』、『よいとそりゃ』、『チョイナチョイナ』や忘れ

野添・貴船神社の「拝殿踊り」

去られた曲、廃絶した曲が興に乗って踊られることもある。「白鳥踊り」は宗教的な色彩が全く見られない娯楽化した風流踊りであり、七月中旬から九月下旬までの間、白鳥の商店街や集落の神社を中心に、二十三夜にわたって踊られる。なお、以前まで「白鳥踊り」で踊られ、近年踊られなくなり忘れ去られた曲は、次のようである。『ヨイヨイ』『さば』『彦根』『かんこ踊り』『ヨイトソリャ』『シッコラセ』『ヨイトサノサ』『サンヨリ』『輪島』『どじょう』『サノサ』『ションガイ』『ヤレヤレ』『ショツショ』などである。

「拝殿踊り」の風景

江戸時代中期頃より白鳥町一円の集落の神社では本殿の他に拝殿が設けられるようになり、今まで少人数の踊り好きが集まり境内や広場で踊られていた盆踊りは拝殿で行われるのが一般的となった。長滝集落にある美濃側の白山信仰の拠点の長滝白山神社にはお盆の日に近隣在郷の農民が集まり、盆踊りが拝殿で行われてきた。神社に残る『荘厳講執事帳』の享保八（1723）年七月九日の記述には郡上藩から盆踊り停止命令の通知が届いたとある。近年、「白鳥踊り保存会」はこの史実をもとに七月九日に当地の長滝白山神社で期間中の安全を願う神事を執り行い、その後に「拝殿踊り」を催し、二十三夜にわたる「白鳥踊り」の踊り始めとしている。

月は満月に近く、神社背後の山々や長良川は月の明かりに照らされ、静寂で幻想的な雰囲気が一帯を支配する。踊り子はその月の明かりの中、各所に吊られた提灯の灯りをたよりに長滝白山神社の長い参道を拝殿に向かって歩む。参道の行き着く先には薄暗い灯りに浮かんだ拝殿が見え、すでに多くの踊り子が参集し、開始時間をいまかと待ち構えている。セミの声が周囲の静寂を破るかのようにうるさく鳴き続く中、拝殿の土間では音頭取りの一声によって切り子灯籠の灯りに吸い寄せられるかのように踊り子が集まり、踊りの輪作りが始まるのである。

『神代』を踊る踊り子（白鳥神社）

輪の中の誰彼なしに「場所踊り歌」の曲が歌い出され、踊り子はそれに合わせて返し言葉、囃子詞で応じながら一斉にゲタの音を立てながら踊りだすのである。「口説き」と呼ばれ、歌詞が一連の物語になっている『八ッ坂』、『神代』、『老坂』、『世栄』等の曲がテンポ良く踊られ、その合間に「一口音頭」と呼ばれ、歌詞には何の脈絡もないゆったりとした小唄調の『チョイナチョイナ』、『さのさ』、『源助さん』等が入り、踊りは動と静を交互に繰り返しながら進行する。時の経過とともに踊りの輪は二重三重となり、輪もしっかりとしまり、踊り場は整然としてくるのである。これら一連の踊りには強制されていると言う雰囲気は全くなく、時には即興の歌が歌われ、また、音頭取りの音程が合わず踊りの輪が崩れると笑いが起こり、他の音頭取りがすばやくフォローするなど踊りは途切れることもなく、夜がふけるまで延々と続くのである。踊り場は、老若男女、地元、他所の者の区別はなく、陽気さ、楽しさのみが踊りの場を支配するのである。夜の静寂と漆黒の闇に包まれた山間の長滝白山神社には音頭と返し歌、囃子の歌、土間を蹴り上げる下駄の音が響き、神さびたある種の別世界、異次元の空間が作り上げられるのである。

「商店街の踊り」の風景

「商店街の踊り」は「拝殿踊り」とは異なり、踊りの輪の中央に踊り屋形が置かれ、その屋形から流れる音頭と三味線、笛、太鼓の囃子に合わせて輪になって踊る日本各地のどこにでもある形態の盆踊りである。十八夜の踊りの期間中、踊り場は毎日変わり、踊り場には踊り子の多少にもかかわらず「その日」、「その商店街」ならではの独自の雰囲気が漂うのである。踊りが最高潮に盛り上がるのは八月十三日、十四日、十五日のお盆の日である。切り子灯籠や大売り出しの飾り付けがなされた商店街は帰省した家族連れなどで賑わい、華やいだ雰囲気が漂う。

夕暮れ間近、「白鳥踊り」の曲が商店街に流れるや人々はいてもたってもいられなくなるのであろうか、思い思いの出で立ちで集まり始める。肩から手拭いを掛け、色とりどりにデザインされた浴衣を着し、太い帯びをキリリとしめた踊り子の集団が今かと出番を待ち構えている。「白鳥踊り」や旅館の名の入った浴衣着の観光客、今日風のファッション姿の若い男女、甚平姿の愛らしい子供、若さに溢れた地元の中高生、また郡上でよく言う「踊り助平」の雰囲気の感じられる踊り好きが屋形を取り囲む中、屋形からの一声の音頭によって盆踊りは開始されるのである。

踊り子の顔は踊りが始まるや一転して引き締まり、解放感と緊張感が踊り場をつつみ、時間の経過とともに目抜き通りは長い輪によって占められ、踊りは佳境に入るのである。日付が変わる頃にもなると若者の姿が目立ち始め、思い思いに所作を振り付けながら、独自の踊りスタイルで踊りに興じるようになる。屋形から流れる曲のテンポも早くなり、『神代』では前の踊り子の肩に両手を掛け、肩を左右に揺らしながら駆け抜けるように「前へ、前へ」と進む。

商店街の踊り

踊りは盆踊りというよりはジャズに近くなり、激しさとテンポが増すのである。興に講じた若者は別の小さな輪を作り踊りだし、踊りの輪は崩れる。保存会の役員が忙しく立ち回り、輪は元に戻り、踊りは騒然とした中、進行していくのである。『世栄』、『老坂』等の三味線のないゆったりとした踊り曲に移るや若者の一団は踊り疲れたのであろうか、輪の中から一斉に引き、踊りのテンポは再び元に戻るのである。踊りは動と静の様相を繰り返しながら、徹夜で踊り続けられるのである。

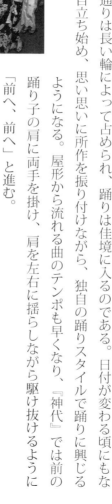

「白鳥踊り」は誰彼なく、老いも若きも男女も分け隔て無く踊りの輪の中に入り、楽しむことができる。また、輪を取り巻きながら孫の踊りをほほえましく見守る老父婦、久しぶりに故郷に帰ってきた親子連れ、恋人同士、中高校生、そして夜店の前で遊ぶ子供達などの姿もあり、踊り場には和やかな雰囲気が漂う。商店街の居酒屋には踊り疲れ、一時の休憩後は顔を赤らめ、再び踊りの輪に加わる踊り子も散見されるなど、山間の小さな町は徹夜の盆踊りで夜は更けていくのである。

「白鳥踊り」曲の振り付け

「白鳥踊り」の指定八曲で最も単純な所作は『場所踊り歌』である。両手を後ろに組み、両足を前後左右に交互に移動しながらゆっくりと前に進む「すり足」、「引き足」の足の所作の繰り返しのみである。踊りは単調そのものであり、所作より音頭取りの美声が注目される踊りである。

同様の足の所作が中心の曲は『世栄』であり、輪の中心に向かって前進、後退を数回繰り返し、両手を胸元でかいくりさせながら左、右へと体を開き、手拍子留めの簡潔で軽快な所作の曲である。『さのさ』は手を軽く握り足を軽く蹴り上げながら前に進み、足を交互に前後させ、輪の中心に向かい手拍手を二回打つ素朴でゆったりとした曲である。

『源助さん』は足を蹴りあげながら、手を大きく回し、ホップして手拍子をなす簡潔な曲、手の所作が伸び伸びとしており、浴衣の袖が大きく揺れるなど開放感溢れる優雅な曲となっている。

以上あげた『場所踊り歌』、『世栄』、『さのさ』、『源助さん』は足の所作を中心とした曲であり、輪の中心に向かい前進、後退を繰り返すこと、手前でかいくりをなすこと、体を左右に開き手拍子を打つこと等の共通の所作があり、「白鳥踊り」の型の一つとして分類できる。

この基本型に手を右上から左下に振り下ろす所作を加えた曲が『老坂』、『八ッ坂』、『シッチョイ』および『猫の子』である。『老坂』は両手を、斜め下に振り下ろし、胸前で両手の甲を裏返し、ホップして手拍子をなす。ゆったりとした曲である。

『八ッ坂』は両手を右上から左下に振り下ろす所作を二回繰り返し、かいくりをしながら前進し、体を左右に交互に開き手拍子をする。一連の所作には流れがあり、流麗ですらある。

『シッチョイ』は、同様の所作を三回繰り返し、頭上で両手をかざし、水平開きをなし、手拍子を打つ。手振の目立つ曲である。

『猫の子』は左手で右袖を軽くつまみながら右手を左下に振り下ろし、足蹴りをなしながら手を頭上に交互にかざし、水平開きから手拍子を打つ。これらの四曲はともに手を斜め下に振り下ろし、両手を頭上かざし、水平開きか手拍子を打つ所作が共通しており、「白鳥踊り」の二つめの型として分類される。

他方、「白鳥踊り」には踊りながら前進し、方向を逆に変えて進み、もう一度方向を元に戻す所作をなす型もある。『よいとそりや』は両手を小さく回し、二、三歩前に進み、片足を蹴り前進方向を変え、体を開き手拍子を打つ所作を繰り返すゆったりとした所作の曲である。『神代』は両手を軽く振り、右足から前進し、その反動で方向を変えて前進し、再び元の方向に戻し、ホップして手拍子を打つ。その後、両手を水平に前にかざし肩を揺らしながら前進し、体を開いて手拍子を打つ軽快で優雅な曲である。二曲ともに進む方向を変更する所作が共通しており、「白鳥踊り」の三つめの型として分類できる。なお、『神代』の両手を水平に挙げ前進し、方向を変える所作はテンポが早く、隣りにいる踊り子の肩に両手を掛けることになり、踊りの一帯感が伴うのであろうか近年、若者の間で人気のある曲となっている。

以上、述べてきたように「白鳥踊り」は足の所作中心の比較的ゆったりとした簡潔な曲、足の所作に手の所作が組み合わせられ、小唄調の軽快で優雅な曲、そして足の所作、手の所作に方向転換のバリエーションが加わり、テンポが早くなった三つの型に分類できるのである。

「郡上踊り」の所作は簡潔で覚えやすい。「白鳥踊り」は、やや複雑であるが、一つの型を覚えれば、他の曲にも応用が可能なことから、「郡上踊り」と同様に、全曲を短日月で習得し、踊りきることができるようになる。

以上は、本書見返し部分に写真を掲載しているので、ご参考いただきたい。

「白鳥踊り」曲の歌詞

娯楽の少ない江戸時代、農民にとって労働から解放される唯一の日はお盆であり、集落の多くの人々はお盆の三日間はすべてを忘れ、盆踊りに興じたのである。盆踊りは数少ない男女の出会いの場でもあり、若者は浴衣を着流し、女性は髪を結い上げ、密かな思いを抱き踊り場にでかけたである。「白鳥踊り」では小唄調や口説調でこのような男女の情愛や人間関係の機微、あるいは郷土自慢や心中物語を歌う曲が多い。かつては、卑猥な表現によって踊りの場を盛り上げる効果を持つ歌詞もしばしば見られたが、「白鳥踊り保存会」の設立以降は指定曲を定め、意図的に排除することでほとんど歌われなくなっている。これらの歌詞は今日では古老の記憶に残るのみとなっている。

「白鳥踊り」指定八曲の歌詞は次のようである。（歌詞の一部のみ掲載）

①『源助さん』

七七七五調の歌詞で源助さんとお小夜の情愛が歌われる。二人の情愛の表現も洗練されており、ほどよい色気が感じられる。白山麓の盆踊りには見られない粋な曲であり、座敷歌が盆踊り歌に転じたと思われる。かつては「場開きの歌」として踊られた。

（歌　詞）ハア～恋に身を焼く　蛍じゃないか

（ア源助さん　コラショ）

（歌　詞）妾しゃ源助さんに　身を焦がす　妾しゃ源助さんに　身を焦がす

（ア源助さん　コラショ　よいやよいやまか　どっこいさのさ　ホラ源助さん　源助さん）

以下「貴方廿年で、妾は十九月もおぼろの浴衣がけ」等の小唄調の歌詞が続く。

②『シッチョイ』

七七調の歌詞で白鳥町の寺院が数え歌で紹介され、その後地元の寺の娘おまむと若侍の小源次の心中物語が口説きで歌われる。悲恋の口説きとは異なり、踊りには流れるような優雅さがある。囃子詞が曲名となっている。

（アシッチョイ　シッチョイ）

（歌　詞）**一にゃ　ヨオ〜ホイ　石徹白の－ソリャ**

（アシッチョイ　シッチョイ）

（歌　詞）**威徳寺様よ**

以下、歌詞は「二では西坂の正法寺様よ」「三にゃ西円寺は二日町のお寺」と十まで寺尽くしが歌われ、続いて「年は十四でその名はおまむ　隣近所の評判娘」等の地元の心中物語の口説きとなる。寺社尽くしの歌詞は白山麓にはしばしば見られ、長野の善光寺、香川の金毘羅宮などの名刹が歌われるが、『シッチョイ』のように地元の寺院の寺社尽くしは極めてめずらしい。口説きも同様であり、白山麓では「鈴木主水」、「照手姫」等の口説きが多いが、白鳥町では地元心中話を題材にした口説きであることが注目される。八幡町には神谷南作のような口説き作詞家がいた。白鳥にも同様の知識と口説きの素養を持った作詞家がいたと思われる。

なお、白山麓の福井県大野市一円では数え歌、全国各地の寺社の口説きが『シッチャチョイ』、『シッチョイナ』の曲名で歌われている。囃子詞は「シッチョイナノコラショ」。

『シッチョイ』は白山麓の代表的な盆踊り曲である。

③『八ッ坂（ヤッサカ）』

歌の出だしは炭焼の仕事と生活の苦しさが社会風刺をまじえて数え歌で歌われ、続いて「郡上一揆」の顛末が七七調の口説きで歌われる。歌詞の内容とは裏腹に所作は優雅。

（アヤッサカ　ヤッサカ）

（歌　詞）ア～リャア　今度哀れな　炭焼きくどき

（アヤッサカ　ヤッサカ）

（歌　詞）今度哀れな　炭焼きくどき

（アヤッサカ　ヤッサカ）

（歌　詞）一つ人目にゃ　楽そに見えて　二つ二度び　こんな商売せまいと

以下、「三つ見る間に　釜の火はおこる　四つヨキナタ　研がねばならぬ」と十まで炭焼きの生活が歌われ、続いて宝暦四（1754）年から八年にかけて当地で起こった「郡上一揆」の顛末が次ぎのような口説きで歌われる。

（歌　詞）聞くも哀れな義民の話し　時は宝暦五年の春よ　所は濃州郡上の藩に
領地三万八千石の　その名金森頼錦は　時の幕府のお奏者役で云々

白山麓は山深い山間地ともあって木材が豊富であり、貧しい農民の中には深山に一人で入り、炭焼きに従事する者が少なからずいた。白山麓にはこの炭焼きの苦しい生活と困窮を風刺的に歌った『炭焼き口説き』が各地に見られる。白鳥踊りでは『炭焼き口説き』は昭和二十二年以降に『八ッ坂』と呼ばれるようになった。福井県大野市和泉では『炭焼きくどき』もしくは『ヤッチク』と称し、和泉村と近接し、村同士の交流も頻繁にあった郡上市白鳥町石徹白では『シッチヨイチョイ』の曲名で、「白鳥踊り」と同じ歌詞の炭焼の生活が口説きで歌われる。

また、石川県白山市尾添では若干の歌詞の違いがある民謡の炭焼き口説きがあり、富山県立山地方では歌詞が全く違う炭焼き口説きがある。白鳥町の盆踊り曲『八坂』は白山麓から当地に流入し、歌詞の改変はほとんどなされず今日まで歌い継がれてきたのである。

④『**猫の子**』

歌の出だしは猫の習性を七五五調で歌い、続いて男女の情愛、郷土自慢などが七七七五調の小唄調で歌われる。手を斜め下に流し、頭上で手を巻くような一連の所作は猫の習性を模したようであり、曲からは無邪気な子猫の愛らしさと軽快な躍動感が感じられる。

（歌　詞）アハヨ～ホオ～ヨイ　ヨ～ヨ～イ　誰もどなたも　猫の子にしよまいか

（ア猫の子にしよまいか）

（歌　詞）猫は良いもの　ヨッコラ　ねずみとる

（アねずみとる　良いもの猫は）

（猫は良いもの　ヨッコラ　ねずみとる）

（歌　詞）猫がねずみとりゃ　いたちが笑う　いたち笑うな　われも取る

以下、歌詞は「いとし殿まの　草刈る山に　笹や茨が　なけにゃ良い」などの小唄が続く。

郡上市一円では明治時代以降、養蚕が盛んになり、蚕の餌となる桑が各所で栽培されていた。この桑を食い荒らす野ねずみの繁殖が農民の悩みでもあり、大半の農家では猫を飼い、その被害を防止していた。野ねずみを捕獲する猫は貴重な生き物として農民生活に深く入り込んでいたのである。

その感謝の念もあり、盆踊りで踊られるようになり、今日では欠くことのできない曲となっている。

⑤『神代（ドッコイサ）』

昭和二十二年までは囃子詞から『ドッコイサ』と呼ばれた。前歌は音頭取りの謙遜から始まり、続いて全国各地の寺社の数え歌、その後は、白鳥町の地理歴史の概略が集落ごとに順を追って七七七調の口説きで紹介される。歌詞は現代の言葉使いであり、地元の歴史地理に精通した者によって近年作詞されたものである。所作は「白鳥踊り」曲の中で最も複雑であり、右上から斜め下に両手を振り下ろすこと三回、この間水平開き手拍子を一回、片手を斜め上にかざしながらその反動で踊りの方向を変えること二回、両手を水平伸ばし、片を左右に揺らしながら前進すること一回のさまざまな所作が組み合わせられた動きの激しい曲である。踊りの早さ、軽快さを好む若者に人気があり、徹夜踊りで最も盛り上がりを見せるのはこの曲が踊られる時である。

（アドッコトサ〜アノ　ドッコイサ）

（前　歌）おどり子様よ　ちょいと出まして　ソーリャ

（アドッコトサ〜アノ　ドッコイサ）

（数え歌）一にゃ木の戸の　大日如来　二では新潟の　白山様じゃ

三は讃岐の金毘羅様よ　四では信濃の　善光寺様じゃよ（以下、十まで続く）

（口説き）俺が住む町　この白鳥は　飛騨と美濃との　お国の境　水を分かちし

峰の小笹に　溜りし露が　落ちて流れて　泉となりて（以下、集落の寺社ほめとする）

囃子詞の「ドッコイサ」は労働の休息時に発せられるねぎらい言葉であり、白山麓の盆踊りではしばしば見られる。福井県大野市和泉では『ドッコイサ』の曲名で男女の情愛が歌われる。囃子詞は白鳥と同様の「アドッコイサーアノ　ドツコイサ」。

音頭を取ることを謙遜し、音頭の協力を依頼する「前歌」は白山麓のみならず福井県一円に見られる。また白山麓では全国各地の著名な寺社の数え歌が、そのまま取り入れ歌われている。当時、代表的な大寺社への参詣は庶民の願望でもあり、その気持ちが素直に歌詞に反映されたのであろう。口説きの郷土自慢は、白山麓では白鳥の『神代』以外には見られない特異なものである。

⑥『老坂（ヨイサッサ）』

昭和二十二年までは『ヨイサッサ』と呼ばれていた。花の種類が数え歌で歌われ、続いて江戸時代に流行した心中物語「鈴木主水」の口説きが七七七七調で歌われる。悲恋の歌詞とは関係なく優雅な所作で、メリハリもよく軽快に踊られる。数え歌と口説きの組み合わせは福井県一円の盆踊り曲にもしばしば見られる。

（アラ　ヨイサカ　サッサイ）

（数え歌）一にゃ朝顔ヨイ　二にゃかきつばた

（アラ　ヨイサカ　サッサイ　朝顔ヨイ　二にゃかきつばた）

〔鈴木主水〕

（口説き）花のお江戸の其のかたわらに　世にも珍し心中話

ところ何処よと尋ねて聞けば　ところ四つ谷の新宿町よ

大野市上打波の『ヨイヤサッサ』は『猫の子』系統の踊りで囃子詞は『老坂』とよく似た「ヨイヤサッサ」である。また、白鳥町石徹白の『弥栄《やっさか》』は寺社尽くしの曲で「ヤッサカッサイ」とほぼ同じ言葉で囃す。三曲はともに白山麓の踊り曲であり、曲の構成や囃子詞にその共通性が見られる。

⑦『世栄（エッサッサ）』

昭和二十二年までは『エッサッサ』と呼ばれていた。明治二十一年に地元で起こった心中話、続いて『平井権八』の物語がともに七七七七調の口説きで歌われる。江戸時代、武士平井権八の悪行、非道を物語化した歌舞伎、講談、浄瑠璃が庶民の間で一世を風靡していた。義理と人情の狭間で悪行を重ねる平井権八に庶民は憤りを感じながらも涙を禁じ得なかったのである。白山麓でも人気があったと思われ、盆踊りの口説きの歌として各地で踊られてきた。

（ア　ドッコイ　ドッコイ　ドッコイサ～　ドッコイサのドッコイショ）

（歌　詞）アリャサ　ここに過ぎにし　その物語

（アドッコイショ　ドウジャイナ　その物語）
（歌　詞）村でなにがし　徳左衛門の　一人娘に　お梅とありて
〔平井権八〕
（歌　詞）二世も三世も　其の先までも　変わるまいとの
互いの契り　それが悪事の　起こりとなりて

歌に合わせて前進、後退を繰り返す所作は曲の節に良く合い、単純ながらも軽快である。歌詞の内容とは違い、親しみやすい、楽しい踊りである。

⑧『場所踊り歌』

「白鳥踊り」で最も古くから踊られてきた曲。八幡城下の町方の盆踊りでは、かつて踊られたことがない。歌の順序立てがあり、前歌では踊りの輪作りを急かし、続いて語句の深読みを解説する「正歌」と呼ばれる数え歌が歌われる。その後、地元と他村の音頭取りが「静め歌」、「受取り歌」で音頭を取り交わす「歌杯《うたさかずき》」を行い、最後は地元音頭取りによる『若松様』の「終わり歌」で締めくくられる。音頭の作法や順序を重視し、盆踊りの喜びと楽しみの中に強制的な儀式性を取り入れた異質の盆踊り曲である。

〔前歌〕
（歌詞）ヤレ　そろりとよ　輪をつくれ　そろりゃそろりと　輪をつくれ
（歌詞）ヤレ　お月のよ　輪のなりに　天のお月の　輪のなりに
〔正歌〕
（歌詞）ヤレ　一番目のよ　筆立てに　第一番目の　筆立てに
雄鹿とよ　書かれしは　峰の雄鹿と　書かれしは　砕いてよ　読むなれば
是を砕いて　読むなれば　女鹿よ　妻恋し　麓で女鹿よ　妻恋し
〔静め歌〕
（歌詞）ヤレ　静めた　心じゃよ　これでも静めた心じゃよ
からしてよ　他所たのむ　この次からして　他所たのむ
〔受取歌〕
我らが様なる者共が　一人や二人来たよとて　ようこそ御目に掛けられて
歌杯とは有難や　歌杯と有るなれば　辞儀なく頂戴仕る
同様の「正歌」、「静め歌」が歌われ、地元に音頭が返され、「終わり歌」となる。
〔終わり歌〕

あ　目出度よう目出度のなーよ　そりゃ目出度のよう　若松は若松はよう
枝も栄えるなよう　そりや栄えるよう

ゆったりとした足の所作のみの単調な曲であり、静かにしんみりと踊られる。そのためか七五調の歌詞には字余りがしばしば見られる。音頭取りの美声や機転、他村の者との音頭のやりとりに曲の醍醐味があった。

踊りの曲の伝播

「白鳥踊り」指定八曲はいつ頃、何処で、誰によって作詞、作曲されたかはわからないが、『源助さん』を除き、そのほとんどが白山麓の集落の盆踊りで踊られてきた曲である。これらの曲が白鳥町に流入した経過については、『場所踊り歌』は明治時代以前に石徹白（旧福井県大野郡石徹白村）の若者がお盆に郡上市白鳥町長滝の白山神社拝殿で踊った『バショ』と言う曲を白鳥町の若者が習得し、踊ったことがその始まりであった。また、白鳥町の集落には秋の例祭で集落の全員が豊穣を感謝し踊る「嘉喜《かき》踊り」が今も残っているが、当地ではその伝播については旅芸人や木地師から教えられたとか、他村から伝授されたとか、あるいは密かに覚えたとか、婿に来た者から教えられたとか各種の謂われが伝えられている。「白鳥踊り」の多くの曲は『場所踊り歌』や『嘉喜踊り』と同様の仕方で白山麓の集落から習得され、町内の集落に波状的に普及し、一円で踊られるようになったと思われる。

しかし、習得された曲はそのまま踊られるとは限らず、歌詞や節、所作、囃子詞などは集落の風土や習俗、土地柄等に合わせて改変され、各々の集落で独自の曲として踊られてきたのである。

『猫の子』の伝播について

『猫の子』は石川県白山市白峰や大野市上打波《かみうちなみ》、下打波で歌い継がれてきた曲であり、白山麓の集落の盆踊りで人気のある曲の一つである。

白山麓は農地が少なく、土地も痩せているため、大半の集落では出作《でづく》りの焼き畑農業を行っていた。多くの村人が深山の出作り小屋に出かけるなどして留守になった集落には野ねずみが繁殖し、民家の食物や焼き畑の稗や粟、桑を食い散らす被害が後を絶たなかった。出作りが特に盛んな打波地区では、その被害を防止するため大半の農家で猫を飼育していたのである。当地では野ねずみを捕獲する猫は感謝しても仕切れない貴重な動物であった。その感謝の念を込めて歌い、踊られる曲が『猫の子』である。大野市打波地区の『猫の子』の歌詞は次のとおりである。（一部抜粋）

（歌詞）　アァヨ～ヨイヨイ　猫の子にしよまいか　サァドウジャイノ
猫もよいわいの　ねずみとる　ねずみ取る　よいわいのねこも

猫もよいわいの　ねずみとる
芽出た芽出たや　世はいつまでも　鶴が御門に巣をかけた
枝が栄えて　葉が繁りゃこそ　人が芽出たと　名をつけた

野ねずみを捕る猫に感謝し、その後に続く小唄調の歌詞では野ねずみとは関係のない世の太平が歌われる。

『猫の子』は福井県大野市和泉《いずみ》（旧大野郡和泉村）から白山山系の県境の油坂峠《あぶらさか》を越え、郡上市白鳥町に伝わり、その後郡上一円の集落に広まっている。白鳥町に流入した『猫の子』は曲名、猫に関する歌詞は打波と変わらないが、その後に続く小唄調の歌詞は改変され当地の名所旧跡、男女の情愛等が相互の関連性もなく歌われている。歌詞は次ぎのようである。

（歌詞）滝を見るなら　阿弥陀ヶ滝よ　滝のしぶきに　虹の橋
来るか　来るかと　きりこの下で　わしの待つ人　まだ来ない

一方、郡上市八幡町に伝播した『猫の子』は「郡上踊り」で指定曲の一つとして踊られている。「郡上踊り」の猫に関する歌詞は白鳥町の『猫の子』とほとんど同一であり、続く小唄調の歌詞では主に

『猫の子』振り付け

①
（無駄足を踏みつつ）
手は子猫が手鞠でジャレて遊ぶしぐさ。

②
右足を左足前へ一歩、
右手は鞠を転がすように上体を前かがみに右から左へ。
（左足後にうかし、左手で右のたもとを持つ）。

③～④
左足を下ろすと同時に、右足円心へけり出し、右手は軽く握り、額上あたりで手首を内巻きに廻し、前腰のあたりへ下ろす。
（握ったまま）

⑤～⑥
左足、左手を③～④の反対動作で。

⑦～⑧
右足蹴り出し、両手一緒に握ったまま手首を内巻きにして。

⑨
続けて両手山開き、蹴り出した右足を円心へ一歩出す。
（左足後でうかす）

⑩
左足その場へ下ろし、すぐ右足を引き寄せて両手水平開きに打ちはなす。

⑪
引き寄せた右足を円心に一歩踏みだし、左足を引き寄せて同時に「チョン」と打ちはなす。
（両手水平開き、左足無駄足踏んで）

以降①から繰り返す

男女の情愛が洒落や言葉遊びで風刺をまじえて歌われる。一方、『猫の子』の所作については「白鳥踊り」では上から斜め下に右手を流し、足を蹴り出しながら、両手を相互に頭上に交互にかざし、水平開きを二回行う。「郡上踊り」では右手を挙げ、右足を蹴り出し、左手を挙げ、左足を蹴り出し、上から斜め下に両手を流し、体を開き手拍手を三回打つ。両者の所作には大きな違いはない。しかし、「白鳥踊り」ではテンポも早く、踊りも流れるようであるが、「郡上踊り」では頭上に手をかざすような軽快な動きはなく、簡潔でゆったりとした曲となっている。郡上八幡に伝播した『猫の子』は八幡城下の町方文化と風土の中で改変され、歌詞や所作は集落の盆踊りとは違い、総体的には座敷歌風の洗練された曲となっている。（振り付けは、右頁参照）

民謡踊りの古里　打波を訪ねて

白山の南西麓に位置する福井県大野市、勝山市、旧大野郡和泉村一帯は奥越《おくえつ》地方と呼ばれ、古来より盆踊りの盛んな地であった。お盆や春、秋の祭りには『かんこ踊り』『ドッコイショ』『ヨイトサーリヤ』『シッチヨイ』『ヨイヤサッサ』『ヤッカササッサ』『炭焼き口説き』『ヤッチク』『猫の子』などの曲が盛んに踊られていた。

白山山系から流れ出る久沢川、伊勢川、石徹白川等の大小の支川は九頭竜川となって北西に流れ、福井平野を潤しながら日本海に注いでいる。大野市勝原付近で九頭竜川に流れ込む支川の一つ打波川に沿って遡ること二十数キロ、鬱蒼した地のわずかに開けた場所に下打波、さらにその上流には上打波の集落が点在する。集落の北方には白山の開祖泰澄大師の奇瑞伝承が残る「刈り込み池」があり、白山の三ノ峰が迫っている。また、白山山系の杉峠越で石川県白山市白峰とも接している。このように白山山系に深く入り込んだ打波は平地が少なく、土地も痩せ農業には不向きな地のため、出作りが盛んであり、春先から雪がちらつき始める晩秋までの期間、村人は在所を離れ、白山山系の深山に出作り小屋を建て住み込み、主食の稗、粟を栽培する焼き畑農業を行っていた。手作り農民は冬を越すための保存食の味噌、堅豆腐等を作るなど多忙であり、里に戻る日はお盆の三日間のみであり、お盆が過ぎ去ればまた出作り小屋に戻り、短い夏を惜しむかのように日々の労働に追われるのであった。出作り農民にとってお盆の日は出作りの農作業から解放される唯一の時間であり、帰省した旧友との再会、男女の出会いなどの楽しい一時が待ち構えており、農民はその日の来るのを一日千秋の思いで待ち続けたのである。

下打波の集落の高台には白山神社が鎮座している。打波地区の惣社であり、お盆の日には久しぶりに里に戻つた出作り農民や帰省者、地元に残った人々で村は活気づき、夜には神社境内で再会の喜びと慰安、男女の出会いを兼ねた盆踊りが盛大に開かれたのである。打波には他に中神、橋向、中洞、中村、木野等の集落が谷間に点在し、踊りにはこれらの集落からも大勢が集まり、盆踊りは月明かりをたよりに徹夜で踊られるほど盛況となっていたのである。踊りでは多くの白山麓の民謡が踊られていたが、中でも村人のお気に入りの曲は猫を愛玩する歌詞で始まる『猫の子』であった。白山の深山を転々として焼き畑を耕す「出作り」を余儀なくせられていた打波では、家の食物や焼き畑の農作物を食い荒す野ねずみの被害が甚大であった。打村ではほとんどの家で猫を飼い、野ねずみの被害を抑えると共にその愛おしさ、かわいらしさも相まって猫は家族の一員ともなっていたのである。村人は尽くしきれない猫への感謝の念を抱き『猫の子』の踊りに興じたのである。当地では『猫の子』と同系の曲が多くあり、祝歌として宴席などでも歌われるほどになっている。

打波地区への基幹の交通路は谷間を通る狭い県道であり、日中でも木立が太陽を遮り、路は薄暗い。冬期には豪雪が県道を塞ぎ、陸の孤島と化することがしばしばであった。近年、過疎化と高齢化が急速に進み、村からの転出が相次ぎ、谷間の集落が次々に姿を消していった。村の行政に支障が出始めた打波は平成の市町村合併によって福井県大野市に編入され、村は廃村となった。杉木立に囲まれ、盆踊りで賑わった白山神社境内は静まりかえり、人の気配は全く感じられない。周囲には朽ちた廃屋が点在し、児童生徒のかけ声がこだました学校跡には雑草が生い茂り、校門の前には二宮金次郎の像が一人寂しく佇んでいた。県道沿いにわずかに残る畑地で老婆が一人、痩せたトウモロコシの世話をしていた。移転先の大野市から畑作りにやってきたと言う。人がいなくなった打波ではもう盆踊りは開かれず、当地では『猫の子』などの白山民謡は踊られることはないのであろう。

第二章　「白鳥踊り」の歴史

「白鳥踊り」の始まり

長良川上流の郡上市白鳥町長滝に鎮座する長滝白山神社は美濃側の白山信仰、登拝の拠点であり、石川県側の白山比咩《ひめ》神社、福井県側の平泉寺白山神社とともに「白山三馬場」の一つに数えられる神仏習合の古刹である。神社宿坊の「経聞坊《きょうもんぼう》」には神社の法会や郡内の出来事等を書き留めた『経聞坊文書』が残されている。享保八（１７２３）年の記載に盆踊りに関する次のような記述がある。

七月九日、盆中御宮ニ而踊申事奉行より停止之書状到来、同十四日より十六日迠
常楽院自坊ニ而論議

（読み下し文）
七月九日、盆中御宮にて踊り申す事奉行より停止の書状到来、同十四日より十六日まで
常楽院自坊にて論議

七月九日、長滝白山神社で行われてきた農民の盆踊りを停止するとの書状が藩から届いたのである。この書状より享保八（１７２３）年、長滝白山神社では旧暦のお盆の三日間に近隣の集落の農民が集

まり盆踊りが催されていたことがわかる。踊り場は拝殿、天井から吊るした切り子灯籠の灯りをたよりに、音頭取りの音頭にのみに合わせて踊られる素朴な踊りであった。

一方、長滝白山神社の「経聞坊文書」及び『荘厳講執事帳』の天和二（１６８２）年十一月の記載には白鳥町近隣で江戸時代前期には「懸踊」が踊られていたとの記事が見られる。

同十一月三日　伊勢より御鍬踊廻り当郡剣村ニ一宿　上之保懸踊
村々よりヲドリをかけ御馳走仕之也

長滝白山神社の「拝殿踊り」

「懸踊」は集落から集落へと踊りをリレーしていく踊りであり、御鍬《おくわ》様の来郡に当たってその神輿を引き受けた村では疫病神の退散と集落の豊作を願う神事を行い、終了後に村人は踊りながら神輿を村境まで送り出し、他村に引き継いだのである。天和二年（１６８２）の時期、上之保の地である白鳥町では「懸踊」が集落で踊られていることから、当地ではお盆に農民が集まり、盆踊りを行う素地があったことが十分考えられる。

「白鳥踊り」に関する史料上の初見は、この『経聞坊文書』の享保八（１７２３）年の長滝白山神社の記載であり、踊りは享保八（１７２３）

年以前から行われていたことが考えられる。また、白鳥町一円の集落ではそれ以前の天和二（1682）年の頃から「懸踊り」が行われていたこともあり、これらの史料から「白鳥踊り」は幕府や藩は未だ禁止令を発せず、注意程度にすますなど盆踊りに寛大であった貞享二（1685）年頃にはその萌芽があったと思われるのである。

享保八年以降の「白鳥踊り」

江戸時代、幕府や各地の諸藩が城下や集落の盆踊りに出した禁止令は当初は往来に差し支えがあるとか怠惰に流れる恐れがあるからとの抽象的なものであった。その後、質素倹約を旨とした幕府の享保の改革が始まるや同様に財政の逼迫化に悩む諸藩も盆踊りについて質素倹約の立場から禁止令をしばしば出すようになっている。享保七（1722）年、幕府は各地の藩に一万石につき百石を上納させる「上げ米の令」を実施し、応分の負担と改革を求めている。これを受けて郡上藩は「上げ米の令」による財政負担を緩和するため農民に質素倹約と農業生産高の向上を求めるようになるのである。これにより、藩は今まで寛大に見てきた農民の生活や習俗について監視の目を向け、農民の唯一の娯楽である盆踊りをたとえそれが質素に行われたとしても農事を疎かにし、農民を怠惰にさせるものと捉えるようになるのである。享保の改革が進む中、江戸時代の中期には凶作も重なり、生活に困窮した百姓の一揆が各地で頻発するようになると諸藩は治安対策上から農民が集団で踊る盆踊りを禁止するようになる。郡上藩は農民の不穏な動きを察したのであろうか、享保七（1722）年、農民の示威行為を前もって抑圧しようとのねらいから白鳥町の十三ヶ村に対し、藩の命令を守ること、他村とはいかなることも相談はしないこと、何かあったら藩に申し出ることを掟として約束させている。領内で一揆が起こることを警戒した郡上藩は他村の者も参加して行われる長滝白山神社の盆踊りを一味同心の場にもなりかねないとの政治的観点から警戒するようになったのである。

財政難に苦悩する郡上藩にとって農民の娯楽としての盆踊りは年貢の収納、そして治安対策上の観点から許容できるものではなくなってきたのである。郡上藩が長滝白山神社に盆踊り停止命令を出したのは幕府や藩の改革が進行しつつあった享保八（1723）年のことであり、それは郡上藩の深刻な財政赤字への兆しが見え始めた時期でもあった。全国各地の城下や集落での盆踊りは享保の改革以降、さらのその衰退傾向が強まり、寛政年間（1789～1801）頃までには念仏踊りや亡魂供養などの踊りを除き、ほとんどの集落の盆踊りは踊られなくなってしまうのである。

宝暦年間前後の「白鳥踊り」

一方、郡上では、享保八（1723）年に郡上藩が長滝白山神社に出した通知は盆踊りの禁止ではなく、停止命令であった。この停止命令は郡上一円の集落の盆踊りについて発せられたものか、それとも長滝白山神社に対してのみ発せられたものかは不明である。しかし郡上一円の集落の盆踊りはその後も続けられていたようである。天保十一（１８４０）年、当時六十六歳であった天領の和良村の代官は自分の見聞をたより著述した『郷中盛衰記』で農民の盆踊りの様子を次のように記している。

延享時代（１７４４～４８）までは、宮の拝殿は九頭、祖師野の計のよし、
盆中　氏子拝殿にて夜明かし踊り候よし、それより宝暦明和のころより村々に
拝殿建て云々

延享時代までは踊り場となる集落の神社の拝殿は数が限られており、近隣から多くの農民が駆けつけ、踊りは夜を徹して行われていたとの内容である。停止命令から二十年後、郡上の和良村の盆踊りの盛況さがわかる。恐らく、「白鳥踊り」も同様であったと思われる。

郡上藩では宝暦四～八（１７５４～５８）年にかけて集落の多数を巻き込んだ大規模な「郡上一揆」が起こっている。一揆は領主金森氏の改易、農民の処刑、幕閣の役職の解任等の大きな犠牲を払い収束している。この間、郡上では藩と集落の農民の闘争だけではなく、農民の間でも立百姓と寝百姓、立村と寝村との対立も深刻化し、集落は荒廃している。そして、一揆収束後も集落間には相互の根深い不信や農民同士の軋轢も残されていた。このような状況下、金森氏に替わり丹波宮津（京都府宮津市）から郡上に入部した青山氏は宝暦九（１７５９）年に「在々御法度之覚書」を公布し、農民には質素倹

約を奨励し、日常生活全般にわたって細かな規制をするなど、監視を強めている。青山氏は一揆の直後ともあって、農民の集団行動にはかなり神経質になっており、明和七（１７７０）年には農民の徒党に関する条文の「褒美を下さるべき」を「御褒美として、徒党の訴人銀百両云々、苗字帯刀も御免あるべき」と改変するなど、領内にて百姓一揆が再び起こること憂慮している。盆踊りと称して地元や他村の農民が神社に集まり、踊りに興じることは藩の最も警戒するところであった。

このような農民間の不信や徒党に関する厳しい監視によって、白鳥町の盆踊りは一揆前後の期間はほとんど行われなくなり、衰退の一途を辿っていたのである。農民の中には盆踊りの復活を期待した者もいたではあろうが、集落間の対立と農民相互の不信感が一掃され、そして藩の徒党への警戒心が解かれるまでには盆踊りをなす環境は整っていなかったのである。

長滝白山神社や他の史料にはこの時期の集落の盆踊りに関する記述は全く見当たらず、史料で再び散見されるようになるのは寛政年間（１７８９〜１８０１）以降である。郡上一揆以降ほとんど行われなくなった白鳥町の集落の盆踊りが復活する機運が生じる時期は寛政年間であり、それには二十年余りの年月の経過が必要であった。

「白鳥踊り」の復活

郡上の他の集落の盆踊りも同様の傾向を示し、「郡上一揆」後は藩の徹底した農民への監視活動もあり、ほとんど行われなくなっている。

しかし、娯楽の少ない山間の地にあって娯楽を求める志向は強く、ほとんどの集落では安永年間（1772～1781）以降、農業収穫高が増加し、農民の生活にも余裕が生じ、農民の娯楽への志向はより強くなっていた。一揆も収束し、青山藩の統治の基盤も固まった寛政年間（1789～1801）、藩は、八幡城下の町方の盆踊りを許可制にしている。恐らく藩は、この時期集落の農民の盆踊りも、年貢収納に影響を与えない限り許すようになったと思われる。それに呼応し、郡上一円の集落では衰退していた盆踊りが再び行われるようになるのである。郡上市大和町牧の妙見神社神主が寛政年間に記した日記『万留帳《よろずとめちょう》』には次のようにある。

毎年八月七日　当社ニテ踊り候事　寛政年間　私祖父死去ニ付　七月七日
御祭礼も無之　忌中ゆへ何事も延引ニ仕　八月七日ニ虫ほしとして　氏子
中寄合　神酒奉献　その夜踊り候より始ルトなり云々

享和元（1801）年には、白鳥町大島の宝林寺《ほうりんじ》で盆踊りが行われていることが『宝林寺文書』よりわかる。

於当村方ニ前々ヨリ毎年七月十四日踊とて有之候之処　右踊之事彼是ニ而　申分ン有之　村方不和合之義共出来迷惑いたし候　然処右踊之儀　銘々組合之内不残申合向後差止メ之相談ニ相決シ　何連茂納得いたし則村方一同至和談候云々

享和元酉年六月　大嶋村庄屋　太郎右衛門

同村組頭　菊右衛門

同村百姓代　久右衛門以下氏名は略

（読み下し文）

当村方において前々より毎年七月十四日踊とてこれあり候の処、右踊の事彼これにて申す分ん有り　村方不和合の義ども出来、迷惑いたし候　然ところ右踊の儀　銘々組合の内　残さず申合せ　向後差止め相談に相決し　いずれも納得いたし　すなわち村方一同　和談にいたり候云々

享和元年以前から行われてきた大島村の盆踊りで不祥事が起こり、庄屋以下が相談し、今後、村では盆踊りを行わないことを決したとの内容である。また、文化三（１８０６）年、白鳥町為真村の神社の盆踊りで他集落を巻き込んだ痴話沙汰の騒動が起こっている。

当七月十五日之夜　為真村宮ニ而例年格敷近郷寄合踊御座候処　当村平三郎娘ふよと白鳥村金助と出入出来仕候ニ付、若キ者共被憑白鳥村江参り　度々掛合対談仕候而も事済不仕候故　又候親類共参直談仕候而も　何之訳合も付不申候故云々

（読み下し文）

当七月十五日の夜　為真村宮にて例年格敷　近郷寄り合い踊り御座候の処　当村平三郎の娘ふよと白鳥村金助と出入出来仕り候に付、若き者ども憑かれ、白鳥村え参り　度々掛け合い対談仕り候にも事済み仕らず候故　又候親類ども参り直談仕り候にも　何の訳合も申さずに付き候故云々

白鳥村から踊りに来ていた金助と為真村のふよとが恋仲になり、それを妬いた為真の者が談判に及んだとの内容である。文化三（１８０６）年頃、白鳥町一円の集落では他村の者も参加し、色恋沙汰や痴話喧嘩が起こるほどに盆踊りが盛んに行われるようになっていたことがわかる。

一方、白鳥町長滝の盆踊りについても久しぶりに神社文書にその記載が見られ始める。『経聞坊文書』の文政十三（１８３０）年の記載には次のようにある。

七月十六日踊近ニて賑敷　天気よし　当年世間一統米穀甚少く高値にて　世間之難渋

近年珍敷事　しかし諸作共大ニ草生ひよ歓ふ事也云々

（読み下し文）

七月十六日踊り　近にて賑しく　天気よし　当年世間一統米穀甚少く、高値にて　世間の難渋　近年珍しきこと　しかし諸作ども大いに草生いよく　歓ぶ事なり

このように白鳥町の集落では寛政年間以降、盆踊りが次々に復活し、文化、文政年間（１８０４〜３０）にますます盛んとなり、踊りは最盛期を迎えていたことがわかる。

では復活した集落の盆踊りに郡上藩はどのような方針で臨んでいたかである。藩は農民に対し、質素倹約令を天明年間（１７８１〜８９）、寛政年間、文政年間に発するなどして娯楽や奢侈を厳しく戒めてきた。この時期、農民の盆踊りは許可の条件である質素倹約、お盆の三日間の踊りが遵守されていたこともあり、藩は農村の習俗であり、唯一の楽しみである盆踊りについてとやかくいうことを控えてきたのであろう。しかし、前述したように盆踊りの盛況さと相まって踊りは盆以外にも行われるようになり、踊り場では地元や他村を巻き込む喧嘩や痴話沙汰も頻発するようになるや、藩も令を定めて対処する必要に迫られるようになってきたのである。郡上市和良町の集落の農民の盆踊りについて代官から次のような触書が発せられている。

盆中踊之儀、村々他村共寄集踊候而、猥之儀も有之候趣相聞く、以来之儀は盆中三日、村々ニて子共踊候儀格別、盆後迄も踊候儀　堅停止ニ申付候　万一心得違相背候ものも有之候ハバ　村役人急度可被仰付候間、下々へも得と可申付候

六月廿七日　代官

（読み下し文）

盆中の踊の儀、村々他村ども寄り集まり踊り候にて、猥りの儀もこれ有り候の趣き相い聞く、以来の儀は盆中の三日、村々にて子共踊り候の儀は格別、盆後までも踊り候の儀　堅く停止に申し付け候　万一心得違い相い背く候ものもこれ有らば村役人急度仰せつけられるべき候間、下々へも得と申し付るべき候

集落の盆踊りは盛況さの余り、逸脱した行為もしばしば見られるようになるや、藩は踊りが放縦に流れることを警戒し、盆の三日間に限り許し、違反者には罰を与えることを明文化し、農民に周知徹底させることで行き過ぎに歯止めをかけたのである。

幕末期の盆踊り

郡上藩の財政は十九世紀頃より赤字が増え、天保年間（１８３０〜４４）にはその傾向がより顕著と

なっている。一方、農業生産も増加し、経済的にもそれなりに安定していた郡上一円の集落は貨幣経済の浸透により自給自足が崩れ始めていた。郡上藩は天保二（１８３１）年から向こう五年間、農民に厳しい質素倹約を命じているが、天候異変による不作も続き、白鳥町の集落では藩への年貢の未納も起こるなど農村の窮乏化は年を追うにつれ顕著となっている。安政四（１８５７）年、長滝白山神社の『荘厳経執事帳』には盆踊りに関して次のような記載が見られる。

十四日天気吉　夕立同夜大雨出水　十五日朝雨天　昼より吉　盆勤例年之通り
十六日吉　をとり出水ニテさびしく云々

神社で盆踊りが催されたが、人の集まりが少なく、洪水の影響もあり寂しい踊りとなっていることがわかる。文久二（１８６２）年には、次のようにある。

十六日大晴　踊さひしく参銭講堂　弐〆文有之也　十八日吉　若い者願休日也
夜踊り両村から来ル云々

藩の緊縮策、農村の窮乏化、天変地変、そして幕末の不安定な政情も重なり、集落の盆踊りにはなかなか人が集まらない様子が文面から見て取られるのである。文化、文政年間に盛り上がった白鳥町の集落の盆踊りは幕末には衰退期に入っていたことがわかる。農民の困窮化や藩の質素倹約令等によって郡内全体が節約ムードにあり、盆踊りも自然と低調にならざるを得なかったのである。このような中、白鳥町以外の近隣の集落の中には芸能や娯楽を自主規制し、一時的に盆踊りを停止する集落も出るようになる。八幡町是本の集落は嘉永年間（１８４８〜５４）に村の倹約に関する「申合之事」として次のような取り決めをなしている。

当年之義は村々神事祭礼神主より神前へ神酒相備候斗ニ而神楽並踊等迠一切差止メ可申候

（読み下し文）

当年の義は村々の神事祭礼は神主より神前へ神酒を相い備え候ばかりにて神楽並びに踊り等まで一切差し止め申すべく候

是本集落では盆踊りなどの娯楽を自らの申し合わせで差し止めにしたのである。郡上一円の他の集落でも是本村と同様の申し合わせを行う集落が出始めていたことが考えられるのである。

江戸時代の踊り場の風景

江戸時代、白鳥町一円の集落の盆踊りはどのような様相を示していたのであろうか。踊り場は主に神社の拝殿や寺の境内であり、地元や近隣の集落からも踊り子が集まり、月明かりをたよりに交互に音頭を取り合い、それに合わせて返し詞、囃子詞を歌いながら輪になって踊るのが通例の形態であった。踊り着については慶安二（１６４９）年の百姓の服装に関する触書に「百姓人衣類之儀　布木綿より外ハ帯、衣類仕間敷候」とあり、布木綿以外の使用を禁じていることからして、踊りの上着は布木綿の地織りに「たつけ」をはき、草鞋、手拭いを首に掛けるなどいたって地味であった。ではどのような曲が踊られていたのであろうか。各地の盆踊りに影響を与えた伊勢音頭（川崎音頭）は当地で享保年間（１７１６〜３６）に音頭、歌詞、節が作られ、その後、伊勢参詣者などによって全国各地に広まっている。

白鳥町石徹白の集落

白鳥町の長滝白山神社の盆踊りはこれ以前にはすでに行われていることから、伊勢音頭の影響の下に踊られた盆踊りではなかったことがわかる。踊り曲は地元の踊り子が即興で歌う曲や各地で歌い継がれてきた作業歌、俚謡、民謡などであり、曲名はなく、囃子詞がそのまま曲名となっており、歌詞も定まらず、踊りの賞味期限が過ぎると忘れ去られる盛衰の激しいものであった。このような踊り曲の淘汰の中、江戸時代を通じて白鳥町一円の集落で踊られてきた曲が『場所踊り』であった。

昭和十二年、民俗学者の宮本常一氏は郡上市白鳥町石徹白に入り、八十路半ばの古老石徹白藤之助氏から当地の盆踊りの様子を聞き取っている。

七月の十四日には白山に村の者たちがのぼり、十五日にかえって来て神前で踊った。その時、白山の様子を文句につくって音頭をとった。この踊りを「ショウガ」と言い、十六日には長滝へ行って長滝寺の講堂で踊った。白山の山をほめた「ショウガ」を下ろした。白山のことをいわないと本当の踊りでないとされ、石徹白の者の踊ったあとで　長滝の者が踊った。すべて盆踊りははじめに「ショウガ」をおろした。クドキともいった。そして、「バショ」というおとなしい踊りをおどるのである

『越前石徹白民俗史　宮本常一　未来社』

翁の口述から江戸時代後期には長滝白山神社の盆踊りでは白山を褒め称えた口説きに合わせて『バショ』が踊られていたことがわかる。『バショ』は石徹白では明治時代に入ると衰退し、その後は廃絶してしまうが、白鳥町の集落ではその一部が語り伝えられ、近年、「白鳥踊り」で『場所踊り歌』として所作と歌詞の一部が復元され、踊られるようになった。曲は両手を後ろに組み、左斜め前に三歩踏み出し、四歩目の右足を回すように後ろに引き、左足、右足を交互に後ろに下げて最初の姿勢に

戻し、再び同様の所作を繰り返しながらゆっくりと右回りに進む、足の所作中心のゆったりとした曲である。『バショ』は江戸時代を通して所作や節は基本的には不変であったが、音頭の取り方は時代の流れとともに変化し、いつの日か地元の音頭取りが他村の音頭取りに音頭を依頼し、一緒になって踊り場を盛り上げる「歌杯」が主に行われるようになっている。「歌杯」は次のような順序で行われた。

1　地元の音頭取りが「正歌」と呼ばれる数え歌を歌い、他村から参加した音頭取りを指名し、「静め歌」を歌い音頭を依頼する。歌詞は次のようである。

字名を指すぞえごめなさりよ　字を指せば母袋よ　ようこそおい下された
何か馳走とは思えども　山家山中ことなれば　酒も肴も取りあえず
歌杯を思い出す　歌杯と申しても　場所の音頭で頼むぞえ
＊母袋は集落の名

2　指名された他所の者がお礼を述べて音頭を受け取り、地元の名所や旧跡の自慢等を口説きで歌う。歌詞は次のようである。

われらが在所のことかいな　一人二人来たよとて　ようこそお目にかけ
られて歌杯とあるならば　じきに頂戴つかまつる　とりはやいで下され

3　地元の音頭取りが他村の音頭取りにお礼を述べ、音頭を受け取り、再び別の村の音頭取りに音頭を依頼する。歌詞は次のようである。

まずはご苦労他所の殿　こもと[*]が確かに受け取るよ　この恩とては忘れまぞえ草場まで

＊「こもと」は地元のこと。

踊り子はこの順序によって口説きで歌われる音頭に合わせ、返し詞を歌いながら単調な足の所作を繰り返すのであった。

娯楽が少ない白鳥町の集落にあって、お盆は日々の労働から解放される慰労の日であり、お盆に催される盆踊りは男女の出会いや社交が行われる唯一の場であった。明治時代以前まで集落の盆踊りは若者組が主催しており、若者組は集落の踊り日が重ならないように踊り日の調整などをしている。これによって他村の踊り場への参加の機会も増え、中には遠路を厭わず峠越えで参加し、美声や機転の利いた音頭で村の名所や旧跡、寺社の来歴や男女の情愛を次々と披露し、「歌杯」を盛り上げるいわゆる「踊り助平」も多く現れるようになる。音頭取りが歌う即興の歌は踊り場を盛り上げ、順序をわきまえない音頭、下手な音頭では踊りの輪はたちまち崩れ、冷やかしや失笑が漏れるなど『バショ』は興味の尽きない踊りであった。

この時期の踊り場の様子について郡上市大和町の牧集落にある妙見神社神主が書き残した『万留帳』の天保十四（1843）年の記事には次のようにある。

七月十五日　剣村宮ニテ例之盆踊之時　当村若キ者永左衛門と申者之頭ヲ剣村若キ者三人してたたき　夫れより剣牧両村故障と相成　近村壱拾壱ヶ村之賓ニ相成云々

（読み下し文）
七月十五日　剣村宮にて例の盆踊の時　当村の若き者永左衛門と申す者の頭を剣村の若き者三人してたたき　夫れより剣と牧の両村故障と相い成り　近村壱拾壱ヶ村の貰いに相い成り云々

盆踊りで牧村と剣村の若者同士が喧嘩となり、これがきっかけで両村が不仲となった。このような盆踊りの喧嘩で不仲になった村は十一ヶ村にも及んでいるとの内容である。喧嘩の原因は『バショ』

の「歌杯」での音頭をめぐる争いと思われる。また、他村からの参加者が多くなるにつれ、踊り場での男女の色恋沙汰が集落を巻き込んだ騒動に発展することも起こっている。江戸時代、郡上一円の集落の盆踊り場では「歌杯」に端を発する喧嘩や色恋沙汰も絡むなど、「やんちゃ踊り」と称されるほど賑やかな盆踊りとなっていたことがわかる。

明治時代以降の「白鳥踊り」

幕末に盛んとなった白鳥町一円の集落の盆踊りは、その一方では喧嘩や色恋沙汰が起こるなど退廃的な様相を示すようになる。この傾向は白鳥町のみならず全国各地の集落の盆踊りでも起こっていた。しかし、郡上藩は盆踊りが藩政に反して奢侈になることや踊りが農民の示威へと発展することには警戒をなしていたが、踊り場の風紀の乱れや退廃的な傾向には余り関心を示さず、集落の自主的な運営に任せていた。

江戸幕府の滅亡より、明治時代に入るや新政府は「脱亜入欧」のスローガンを掲げ、近代化、文明開化政策を推進し、旧来の風俗や慣習を近代化を阻害するものとして厳しく取り締まるようになる。特に集落の盆踊りは悪しき風習としてその対象となり、各県は競うかのように次々に盆踊り禁止令を出している。明治三（1870）年、群馬県が全国に先駆けて禁止令を出し、明治五（1872）年には京都府、明治六（1873）年には秋田県と続いている。岐阜県はその翌年の明治七（1874）年六月に禁止令を出している。内容は次のようである。

旧来村町ニ依り、盆踊ト唱へ、老幼男女群集無益之事ニ時日ヲ費やし、加之間々不行体ノ儀モ有之趣、以テノ外ノ悪習ニ候間自今一切不相成候、今後心得違ノ者有之ハ、取締番人ニ於テ見付次第名前取糺シ可申出筈ニ候条兼テ可相心得、此段及布達候事　右之趣無洩可触示モノ成

明治七年六月　　岐阜県参事小崎利準

岐阜県は盆踊りを「無益之事ニ時日ヲ費やし」とか「不行体ノ儀モ有之趣」との根拠により、風紀を紊乱する悪弊として禁止通知を出したのである。

一方、明治維新前後、郡上一円の集落の盆踊りは政府の近代化政策の影響を受け、変化の兆しが見え始めていた。白鳥町でも他地域との文物の交流が盛んとなるにつれ、隣接する福井県、富山県、石川県等の白山山麓の集落から軽快な所作の作業歌、祝歌、俚謡などの踊り曲が流入し、『バショ』に代わって踊って楽しい白山山麓の民謡が踊りの中心となり、踊り場は以前にまして盛り上がるようになる。このような踊りの様相の変化の最中、県は一方的に盆踊り禁止令を出したのである。しかし、長い歴史を持ち、農民の唯一の娯楽として集落の風土に根付いてきた白鳥町一円の盆踊りは一通の通知によって簡単に途絶するものではなく、県下の各地でも民衆の抵抗や反発があり、翌年には禁止令

は解除され、「白鳥踊り」は何もなかったかのようにその後も続けられている。

しかし、盆踊りを取り巻く社会情勢の急激な変化はいかんともし難く、盆踊りはその後に起こる日清、日露戦争、自然災害等の影響によって以前のような盛り上がりに欠けるようになり、徐々に衰退していくのであった。

「白鳥踊り」の盛況の要因

江戸時代、白鳥町一円の盆踊りは集落ごとに催されていたが、前述したように多くの踊り子が参加しやすいように集落の若者衆によって踊り日の調整がなされていた。これによって他の集落からも多くの踊り子が参加することが可能になったのである。集落間の踊り日の調整を円滑に行わせしめたのが白鳥町一円に浸透していた白山信仰に基づく連帯意識であった。

白鳥町の大半の集落には白山神が氏神として祀られており、江戸時代には春、秋には本山に倣い、白山の神に五穀豊穣、延命息災を祈願し、感謝する神事祭礼が村人総出によって催されてきた。これらの祭礼を通して各集落には、共通の白山信仰が人々の生活習慣や風俗の隅々まで浸透していたのである。そのため、村人は隣村遠方の他村の神事祭礼や諸行事に参加したりすることにはそれほど違和感をもたず、その地に容易に溶け込むことができたのである。これによって集落の白山神社には、地元や近隣の集落から多くの音頭取りや踊り好きが気軽に集まり、地元の者に遠慮なく音頭を取り、踊り場を盛り上げていたのである。しかし、踊りは友好的に行われるのだが、そこには地元と他村競争意識も働いていた。

　自分の村の評判を背負った踊り好きは、地元の盆踊りで踊り場を盛り上げ、翌日には隣村の盆踊りに向けて咽の疲れを潤し、気後れしないよう体調をしっかり整え、勇んで十数キロもある踊り場に乗り込んでいくのであった。「だれもどなたも音頭さを奪うな　人のよう取らぬあいにとれ」との歌詞にもあるように、音頭取りは儀礼をわきまえず踊りを壊すことにならないように気をつけながら、あらん限りの声を振り絞り音頭をとったのである。

　本来、盆踊りは娯楽であって競争意識は排除されるのであるが、白鳥町一円では「踊り助平」と言われ、踊り場を連日はしごする音頭取りが多数おり、これらの者にとって踊り場は勝負の場であり、自分の美声と度胸、即興、頭の回転の速さを披露し、集落の評判を他村の音頭取りと競い合ったのである。

　このような、村をかけての踊り好きの競争により踊り場は非常に盛り上がったが、これも、郡上一円に浸透した白山信仰と言う共通の宗教的基盤があったからなのである。

第三章「白鳥踊り」の諸相

「白鳥踊り」と白山信仰

白山の南麓に位置する岐阜県郡上市白鳥町では多くの集落に白山神が集落の氏神として祀られ、春や秋には五穀豊穣、天下太平を白山神に祈願し、感謝する祭礼が集落挙げて執り行われてきた。白山は岐阜、福井、石川の三県にまたがり、御前峰、大汝峰、別山大行事の三峰を持つ標高二千七百〇二メートルの秀麗な山である。白山の谷間から流れ出る豊富な水は生活用水として、また農業用水となり、山麓の田畑を潤し続けている。白山麓に位置する白鳥町の集落にとって白山は命の糧を与える神の住む山であり、村人は白山をあさなゆうな仰ぎ見、感謝の念を捧げてきたのである。

このように白山信仰が根付いた白鳥町にあって、本山の長滝白山神社で踊られる盆踊りには白山信仰が色濃く反映していた。江戸時代後期、長滝白山神社の盆踊りでは白山禅定道の登り口にある白鳥町石徹白（旧福井県大野郡石徹白）から二十キロメートルの峠道を厭わずやってきた音頭取りが年ごとに白山の様子を口説きで歌い、その音頭に合わせて石徹白独自の白山への祈祷芸の『バショ』を踊るのが恒例となっていた。その後に地元の長滝や近隣の者によって踊りは続けられたのである。

踊りでは白山の歌詞のない音頭は本当の盆踊りではないと言われ、必ず白山を讃える口説きの歌詞が歌われた。白山賛歌の口説きは毎年、変化し、時には即興で歌われたこともあってか定まった歌詞

は今日には伝わってはいない。

白山山系の三ノ峰を境に石徹白と相対峙する石川県白山市白峰は福井県側からの白山への登拝口に位置している。石徹白と同様に白山信仰が深く根付いた白峰には古くから白山の清楚さと気高さを歌う『かんこ踊り』が踊られてきた。七七五調で歌われる歌詞が今日まで引き継がれているが、その中に白山の様子を歌う一節がある。歌詞は次のようである。

白山の遠景

河内の奥は朝寒いとこじゃ
御前の嵐を吹きおろす
　御前の風を　御前の風を
　御前の嵐を　吹きおろす
　　ハヤシ（モウタリ　モウタリ　モウタリ）
加賀の白山　白妙なれど
雪は降るまい　六月は
　雪は降るまい　文月葉月
歌うてもうて　御山へ登りゃ
　雪のまにまに　花が待つ

河内※1の奥に　煙が見える
いねや※2出て見や　霞か霧か
御前※3の山が　焼けるのか
　御前の焼けの　煙とあらば
ののが※4手を引け　んなぼ※5をおぶせ※6
そしておんじ※7の　裏山へ
河内を越えて　白山道に
行けばぶんど※8や　いる※9やこくぼ※10の実やら
やれ酢や甘や　また来たや
　やれ酢や甘や　やれ酢や甘や
やれ酢や甘や　また来たや

（一部省略）

※1河内…谷間の小さな平地。
　ここでは市ノ瀬付近を言う。
※2いね…母親の方言。
※3御前…白山の主峰、御前峰のこと。
※4のの…父親の方言。
※5んなぼ…末っ子の男子。
※6おぶせ…背負うこと。
※7おんじ…安全な所（陰地）。
※8ぶんど…山葡萄。
※9いる…百合。
※10こくぼ…藤蔓の実。

白峰の『かんこ踊り』では白山の厳しい自然の中で生き抜く土地の人々、そして白山のお花畑の美しさ、白山の豊かな自然の恵みに感謝した歌詞が今日まで変わることなく歌われている。

石徹白は白峰と峠越えで古くから文物の交流があり、通婚圏内でもあったことから、長滝白山神社で石徹白の者が音頭を取った『バショ』の白山賛歌の歌詞は『かんこ踊り』と同様の白山の情景や野の幸、山の幸をめでる歌詞であったことが考えられる。

『バショ』は美濃側の白山信仰の拠点であり、白山三馬場の一つでもある長滝白山神社で踊られることで、白鳥町一円の集落の末社の白山神社に次々に波及し、踊られるようになる。明治元（１８６８）年、神仏分離令により神仏習合の寺社であった長滝白山神社は白山神社と長滝寺に分離している。これによって寺社では堂宇の管理、祭礼の執行などの役割を巡る長滝寺、白山神社、長滝集落の三者の対立が顕在化している。対立は一応解決をみたが、その後、僧院や僧坊、神主や山伏等の転退が相次ぎ、寺社の法灯は衰退の一途を辿るようになる。長滝集落の農民が中心となって行われていた長滝白山神社の盆踊りは盛り上がりを欠くようになり、踊りは白鳥町一円のそれぞれの集落が末社の白山神社で独自に行う踊りへと移行するようになるのである。

明治時代以降、白山麓の民謡が多く流入するようになるや『バショ』は急速に衰退し、白鳥町一円の盆踊りは娯楽中心の踊りへと変化し、踊りの形態や曲目に白山信仰色が入る余地は全くなくなるのである。今日の「白鳥踊り」で白山信仰の面影をわずかに留めているのは「拝殿踊り」で踊られる『場所踊り歌』であり、神さびたしっとりとした曲調は踊り場に崇高な雰囲気を醸し出している。また、かって長滝白山神社の盆踊りで拝殿の天井から白山の神の依代として大きな切り子灯籠が吊られていたが、近年は踊り屋形にこれを模した小さな切り子灯籠が掲げられ、白山信仰の面影を留めている。

「白鳥踊り」と念仏踊り

全国各地の盆踊りの多くは一遍上人が創始した時宗の念仏踊りにその源流があるとされる。長野県佐久市跡部の西方寺では四月十七日に「跡部の念仏踊り」が行われる。当地は弘安二（1279）年に一遍上人が踊り念仏を始めて行った地でもある。「跡部の念仏踊り」では道場と呼ばれる四方を囲った小さな仮設の空間が踊り場となる。踊りは中央に太鼓の拍子に合わせて八人一組の信者が念仏を唱え、前進、後退の足の所作を繰り返しながら前へ前へと進み、太鼓のリズムが一変して早くなると信者は手にした鉦を叩き、念仏を唱えながら飛び跳ねるように二歩前進、二歩足踏みの所作を繰り返し、行きつ戻りつ首を振りながら歓喜の様子で踊るのである。そして、太鼓のリズムが遅くなるにつれ、歓喜雀躍の所作は次第に収まり、信者はゆっくりと足踏みをしながら前進し、踊りは終了するのである。踊り場は西方寺境内、踊りは輪踊り、太鼓方一名、踊り手八名、その内の六名が鉦を持ち、全員が「南無阿弥陀仏」と書かれた襟布を着ける。太鼓打ちは鉢巻き、襷掛け。仮設の垣には49の板塔婆がめぐらされ、信者は五七五七調の歌詞で仏来迎の念仏和讃を唱えるのである。

「跡部の念仏踊り」は極楽往生を願う念仏礼賛の濃厚な踊りである。しかし、念仏踊りの多くはお盆の施餓鬼の行事と結びつき、お盆に踊られるようになると、位牌を背負い仏間で踊られるなどその形態は先祖供養へと変化している。その後、これらの集落の盆踊りの中には仏教色を払拭し、娯楽の踊りとなった踊りも出始めるが、やはりどこかに宗教的な色合いを残しているものが多い。秋田県雄

跡部の念仏踊り

勝郡羽後町西毛音内の「西馬音内の盆踊り」は「阿波踊り」、「郡上踊り」とともに日本三大盆踊りとして知られ、お盆の八月十六日から十八日の三日間行われる集落の盆踊りである。踊りは二本立てであり、それぞれ異なる「音頭」と「がんけ」が交互に踊られる。由来は慶長五（１６００）年、最上義光に滅ぼされた当地の領主小野寺一族の霊を慰めるために当地の遺臣が踊った亡魂供養の踊りとされている。「音頭」の豊年踊りは世相を風刺したり、刹那的な享楽を奨める歌詞であり、笛、三味線、太鼓、鉦の囃子に合わせて楽しく、賑やかに踊る娯楽色の強い踊りである。

他方、「がんけ」はその曲名が来世への再生を願う「願生化生」の仏教用語がなまったものとされ、亡者踊りとも呼ばれている。踊り子は亡者の姿をかたどったとされる目の部分のみ開いた黒頭巾（彦三頭巾）を被り、七七七五調の歌詞に合わせてかがり火を囲みながらしっとりと踊るのである。手拍子を打ったり、跳ねたりする所作は見られなず、哀愁の漂う踊りである。娯楽の踊りと亡魂供養の踊りの二本立てで踊られる「西馬音内盆踊り」は踊りが娯楽へと変容する中、従来の仏教的な色彩をもなくさず、保持してきた盆踊りといえよう。このように日本各地の集落の盆踊りには時宗や施餓鬼などの仏教色の残るものが多く見られる。白山麓でも一遍などの歴代遊行上人の教化もあって、時宗が庶民の間に深く浸透していた。

特に越前の武生（現・越前市）には他阿真教《たあしんきょう》が正応三（１２９０）年から五年にかけて当地の総社で賦算《ふさん》を行い、「国中の帰依、尊卑をかたぶけずと言う事なし」と言われるほどに時宗は広がり、武生は越前の一大拠点となっている。武生からの布教であろうか、石徹白では当地の支配者であり、白山中居《はくさんちゅうきょ》神社の神主でもある石徹白氏は「林阿弥」、その子息は「源阿弥」の時宗の信者の証でもある「阿弥」を名乗っており、石徹白の庶民の間にも時宗が深く浸透し、念仏踊りが催されていたことが考えられる。

『バショ』に源流を持つ「白鳥踊り」には時宗の念仏踊りの宗教色が見られてもよいはずである。しかし、「跡部の念仏踊り」のように念仏を唱え、歓喜雀躍するなどの所作はなく、「西馬音内盆踊り」のように彦三頭巾等の亡魂供養を暗示する扮装類は全く見られないのである。歌詞も同様であり、ほとんどの曲が口説き調で地元の名所、旧跡、心中話を歌い、また、小唄調で男女の人間関係を歌うものであり、中には町内や全国各地の寺尽くしの曲もあるが、それは著名な名所としてあげられているにすぎず、寺院の威徳や庶民の信仰心を歌うものではないのである。歌詞の中には仏や盆の行事を風刺する歌詞すら見られるのである。神社拝殿で行われる「白鳥踊り」は娯楽に徹した盆踊りと言えるのである。その理由を、次に見ていくことにする。

「白鳥踊り」と蓮如上人

「白鳥踊り」は享保八（1723）年の長滝白山神社の盆踊りに見るように、各集落でお盆に踊られてきた。元来、お盆は先祖の霊を迎え、歓待して送り出す亡魂供養の日であり、盆踊りはそのために行われる宗教的色彩の強い行事であった。では「白鳥踊り」は享保年間以降、今日までお盆の日に行われてきたにもかかわらず、何故、宗教色のない娯楽の盆踊りとして集落一円に定着したのであろうか。その一つの理由を白鳥町一円に浸透している浄土真宗に見いだすことが出来る。

浄土真宗は親鸞上人の死後、多くの宗派に分かれている。京都大谷の本願寺もその宗派の一つにすぎず、法統は衰微していた。蓮如《れんにょ》上人は本願寺七代目法主《ほっす》の存如の長男として応永二十二（1415）年に生まれている。苦しい寺の財政事情と他宗からの圧迫の中にあって、本願寺の再興を願った上人は文明三（1471）年福井県坂井郡金津町（現・あわら市）の吉崎に堂宇を建立し、越前や加賀で真宗の布教活動を行い、多くの信者を獲得している。

白鳥町は越前と白山山系を国境に近接しており、峠越で当地の者が吉崎を訪れ、蓮如上人の弟子となっている。上人から直筆の「南無阿弥陀仏」と墨書された「六字の名号」を授けられた弟子達は白鳥町一円の集落に入り、草庵や仮設の道場を設け、上人の教えである「南無阿弥陀仏」の念仏の功徳を人々に説いたのである。白鳥町一円には「嫁おどしの面」の仏教逸話が流布している。毎夜毎夜、蓮如上人の法話に出かける嫁を快く思っていない姑が途中の暗闇で「般若《はんにゃ》」の面を付け脅したが、面が取れ

寺院名	所在地	創建年
来通寺	白鳥町白鳥	文明元年（1469）
養林寺	同 白鳥	文明三年（1471）
仏乗寺	同 牛道	同上
専龍寺	同 越佐	同上
悲願寺	同 歩岐島	文明 5 年（1473）
円覚寺	同 向小駄良	文明 6 年（1474）
光雲寺	同 六ノ里	文明 15 年（1483）
宝林寺	同 大島	明応元年（1492）

白鳥町の浄土真宗の寺院（『郡上郡史』より作成）

なくなり、蓮如上人が「南無阿弥陀仏」を称えるや即座に剥がれ落ちたとの内容である。このように弟子たちは「南無阿弥陀仏」の念仏の功徳を誰にでもわかる具体例を示し、農民を真宗に教化させていったのである。布教の拠点となった草庵や道場は現在は寺院となり、また、古くからの寺院の中には天台宗から真宗に改宗する寺も出るなど、蓮如上人の教えは白鳥町一円の集落に深く浸透していくのである。上人は文明七（１４７１）年に吉崎を去り、明応八（１４９９）年に没している。蓮如上人に帰依し、上人が在位の時期に真宗に改宗し、また新たに創建されたとされる郡上の寺院は五十五寺余り、その内の白鳥町の浄土真宗の寺院は、上の表のようになる。

蓮如上人の継承者実如上人の在世である文亀、永正、大永年間に建立された浄土真宗寺院は白鳥町二日町の西円寺(永正三年)、同じく六ノ里の善勝寺(大永年間)がある。蓮如上人の教えは集落に根付いたこれらの寺社を通して長期にわたり、継承され白鳥一円に独自の真宗風土を形成するのである。

蓮如上人は門徒宛ての手紙形式の「御文」と「六字の名号」を通して「南無阿弥陀仏」の念仏の功徳を説き、門徒が朝夕の仏前で唱えることを勧めとしている。そして、念仏を唱えることは門徒自身が仏の御恩をありがたく頂戴し、それに報いる「御恩報謝」のためのものであり、決して先祖の追善供養や亡魂供養のために唱えるものではないとしたのである。日本の各地には八月十五日のお盆を中心に念仏を唱え、迎え火、送り火、精霊流しなどによりの先祖供養、亡魂供養をなす仏教行事が残っているが、上人はこのようにお盆に念仏を唱え、先祖供養などのために特別な行事を行うことには消極的であった。

蓮如上人の教えが深く根付いた白鳥町にあってその教えは集落の風俗、習慣にも大きな影響を与えている。白鳥町の家々では朝夕怠りなく、日々念仏が唱えられてきたが、お盆だからといって特別に先祖供養の念仏を唱えることはなく、また家々では先祖を偲び墓参りなどは行われるが、そのための特別な仏事はなされていない。白鳥町ではお盆は日々の労働から解放される慰労の日でもあり、一円の集落で行われる盆踊りは地元のみならず、他村からの踊り子も入り混じり、踊る者、見る者が全員で楽しむ娯楽のひとときでもある。

「白鳥踊り」は、各地の盆踊りに見られるような踊り手が位牌を背中に背負ったり、新盆の仏壇の間で「南無阿弥陀仏」の念仏を唱えて踊る先祖供養、亡魂供養の宗教色が濃厚な盆踊りではない。

踊り継承の要因

白鳥町一円の集落で行われてきた盆踊りは老若男女を問わず、多くの人々が参加することで、踊りのすそ野は広がっている。踊り好きの中には各地の集落に出向き音頭を取る「踊り助平」と言われる熱烈な踊り愛好家がいた。彼らは自他ともに認める持ち歌を持っており、踊り場では得意げに音頭を取り、歌を披露していたのである。明治七（1874）年の盆踊り禁止令、明治二十七（1894）年の日清戦争、明治三十七（1904）年には日露戦争、さらに大正三（1914）年には第一次世界大戦が起こり、娯楽の自粛ムードや農村不況もあって盆踊りは寂しくなるばかりであったが、それでも白鳥町では「踊り助平」や愛好家は、各地の集落に出向き自分の持ち歌を得意げに披露し、音頭を取ることで踊りは続けられてきたのである。

昭和六（1931）年、満州事変が勃発し、太平洋戦争へと突き進み、白鳥町からも出征者が相次ぎ、社会全体に規制や自粛ムードがさらに強まっているが、盆踊りは戦没者慰霊、亡魂供養の踊りと称して小規模ではあるが踊り愛好家によって踊りは続けられている。「踊り助平」の中には警察署に呼び出され、説教された者も少なからずいたのである。

このように「白鳥踊り」の存続には「踊り助平」と踊り愛好家の存在が大きく寄与していたのである。

盆踊りは戦時色が強まる昭和十八（1943）年頃も続けられており、本来ならば即禁止命令を出したであろう郡上八幡警察署、郡上地方事務所、大政翼賛会郡上支部は連名で次のような盆踊りに関する通達を出している。

郷土娯楽盆踊リニ関スル件

長期戦下で国民は緊張し、一層職域に精励しつつあるが郡上郡のように比較的慰安娯楽に恵まれていない地方では盆踊りはむしろ健全な郷土の娯楽ト認められることから、開催に関しては特段の配慮を願う

●盆踊りの開始前ニハ必ず国民儀礼を行うこと

●支部長や団長等の適当な指導的地位にあるものを責任者として、歌詞、服装は戦時下にふさわしいものとすること、風紀の維持、経費の節約に留意すること

●開催当日、責任者は村長を通じて駐在所、八幡警察署に通知すること

●防空責任者を決めること

●変装はしないこと　警戒警報発令中の場合は直ちに停止すること

●午後十一時までとして、散会の場合は万歳三唱をすること

●開催日数は八月中三夜のみ　家庭の火気に注意すること

（『大和町史』）

長期戦時下にあって行政は盆踊りを健全な娯楽としてお盆の三日間に限り許可しているのである。郡当局は長い歴史を持ち、農民の唯一の娯楽として集落に深く根付いてきた郡上一円の盆踊りを禁止することは容易ではなく、それによって混乱が生じた明治七（1874）年の苦い経験もあり、禁止するよりは、むしろ国民の戦意高揚のための翼賛的な盆踊りとして奨励する方が賢明であると考えたからと思われる。

この翼賛の盆踊りとして当局から公認され、踊り続けられることで、踊りは忘れ去られたり途絶することもなく、第二次大戦終了後に立ち上げられた「白鳥踊り保存会」への橋渡しが可能になったのである。「保存会」は昭和二十二（1947）年以降、「踊り助平」や踊り愛好家等から踊り曲の採譜を行っているが、この作業も踊り続けられてきたことで、彼らが踊り曲を自らの持ち歌として記憶に留めていることからこそ順調にできたのである。勿論、盆踊りが翼賛踊りになることで継続できた背景には郡上八幡の「郡上踊り」が生き残りをかけ、各種団体と協力しながら、軍隊慰問や工場慰問、戦没者慰霊の盆踊りとして実績を積むことで、軍当局からかなりの評価を得ていたことも忘れてはならない。

歌詞に見る盆踊りの人間模様

白鳥町一円の集落では盆踊りが四百年以前から行われており、各地にはいつ頃、誰がどこで作ったのか分からないが、長い年月にわたって歌い継がれてきた多くの盆踊り曲が残されている。これらの曲は小唄調や口説調で男女の心模様、日々の生活、郷土の歴史等が面白おかしく、あるときは真面目に歌い込まれており、郡上の人々の気持ちを知る上で、興味深いものがある。お盆の人間模様を歌った曲に次のような一節がある。

盆じゃ盆じゃと　待つうちゃ盆よ　盆がすんだら　何を待つ

盆か盆かと　待つ日は長く　くれば三日で　盆が行く

お盆を待ち望む心はいつの時代になっても変わらず、お盆は日々の労働から解放され、時のたつのも忘れるほど楽しい娯楽の一時であったことがわかる。

また、お盆は他所で暮らす親族や恋人との再会の時でもあった。

まめ[※1]でつとめて　盆しにござれ　日にち数えて　待つわえな
盆にゃござれ[※2]よ　正月来んでも　死んだ者さえ　盆にゃ来る
盆にゃおいでよ　初孫つれて　郡上踊りを　みるように

また、お盆の楽しみは氏神の拝殿や寺の境内で行われる盆踊りでもあり、寺社の境内は踊りを楽しむ老若男女で埋め尽くされた。

揃た揃たよ踊り子が揃た　稲の出穂よりまだ揃た
今年始めて三百踊り[※3]　おかしからずよ他所の衆が
どれもどなたも踊り子様よ　今宵一夜は夜明けまで

※1まめ…元気。
※2ござれ…来なさい。
※3三百踊り…郡上踊り『三百』

盆の十四日にゃお寺の前で　親踊れば子も踊る
歌もつづくが踊りもつづく　月の明るい夜もつづく

また、盆踊りは出合いの場でもあり、男女のロマンスが生まれる場でもあった。

来るか来るかと　キリコの下で　われの待つ人　まだ来ない
浴衣姿に　髪あげて　見せてやりたい　あの人に
歌の文句で知らした主に　わたしゃ踊りの手で知らす

娯楽の少ない山間の地にあって盆踊りの日は男女が誰にも遠慮せず出会うことのできる唯一の時間でもあった。恋心を抱く相手の到着を待ちわび、その姿を確認するやその気持ちを衣裳や歌詞、踊りの所作に託し、相手に伝えようとしたのである。

集落の盆踊りが盛んになるにつれ、踊り日が重ならないよう集落間で調整が行われている。例えば白鳥町と近接する郡上市高鷲町（旧高鷲村）では旧暦の七月七日が西洞集落、十四日が切立集落、十五日が向鷲見集落、十六日が正ヶ洞集落といった工合である。これらの粋な計らいでいくつもの集落の盆踊りに参加できるようになると、老若男女を問わず踊り好きが現れる。郡上でよく言う「踊り助平」である。

「踊り助平」の中には遠路を厭わずはるばる峠を越え他村の踊り場に出かけ、音頭をとる者もでてきた。

音頭取る娘の可愛いい声で　月も踊りも冴えてくる
踊り踊って　嫁の口なけりゃ　一生後家でも　かまやせぬ
踊り助平が　踊りの夢で　音頭寝言に　歌っている
踊り助平が今来たわいな　おらも仲間にしておくれ
他所へ踏み出し　はばかりながら　音頭とります　ごめんなされよ
今の音頭さは　大きにごくろう　これで踊りが　しゃんとした

狭い拝殿には幾重にも踊りの輪が作られ、老若男女、見る人、踊る人、地元の者、他所の者が混じり合い、「踊り助平」が代わるがわる美声を披露し、踊りは進行するのであった。

近年、盆踊りは商店街で行われ、音頭も踊り屋形から流れるようになり、踊りの形態も変化したが、歌詞に見られるようにお盆を待ち望む心、踊り場の盛況、密かな思い、熱い思いを抱き、踊り場に馳せ参じる人々の気持ちは今も昔も全く変わってはいない。

前述したように白山麓の石川県白山市白峰では古くから白山の気高さを清楚な節回しで歌う「かんこ踊り」がお盆で踊られてきた。歌詞に次のような一節がある。

かんこを腰に栗の草とれば　心は辛気　盆恋し

楽しかったお盆も終わり、今日からまた日々の労働が待っている。こうして蚊除けの「かんこ」を腰につけ栗の草を取っていると多くの友と過ごした三日間の盆が恋しくたまらないと心情を吐露した歌である。この娘十五、六の気持ちこそ誰しもが抱くお盆への憧れと郷愁なのかもしれない。

今後の課題

近年、「白鳥踊り」では二つ様相が目立つ。

その一つ「商店街の踊り」は県内外からの若者の踊り客が増加していることである。特にお盆の徹夜踊りではその傾向が著しい。「白鳥踊り」はテンポが速く、流れるような所作を伴う曲が多い。この特性が若者を引きつけるのか、踊りが佳境に入るや、若者は囃子詞を返しながら、踊りの型を独自に振り付け、跳ねるように、走るように踊り場を巡るのである。思い思いの出で立ちの若者の表情は活気と楽しさが満ちあふれている。他の一つは江戸時代から行われてきた「拝殿踊り」が再び注目されるようになり、踊り日も増え、近隣からの踊り手も混じり、狭い拝殿には二重三重の輪ができるほど盛況となってきたことである。

今後の「白鳥踊り」の継承と発展にはこれらの二つの様相を踏まえた広報活動を行うことが必要と

なろう。近年の「白鳥踊り」のポスターにはその傾向が見られ、若い浴衣姿の踊り子が汗を拭きながら、満足した様子で「またこようね」と語りかける姿が描かれている。若者にターゲットを絞り、若者に語りかけるような文言、斬新なデザインで若者の心をつかむポスターの制作など、若者に向けたきめ細かい広報活動を今後も県内外で推し進めていくことが必要である。一方、「拝殿踊り」は「白鳥踊り」の骨格を作った踊りであり、今後は白鳥町一円の集落でかつて歌われ、今日では忘れ去られた曲、廃絶した曲を採譜し、「拝殿踊り」の踊り曲として復活させることが期待される。平成二十年度以降のポスターには「拝殿踊り」の盛況な様子も取り込まれるようになっているが、白鳥の「拝殿踊り」の特徴と由緒もを合わせてPRすることも必要となろう。

近年の「拝殿踊り」の復活の兆しが見られる。これが契機となり、再び白鳥町一円の集落の何処でも盆踊りが催されるようになれば、長い歴史に裏打ちされた「白鳥踊り」は重厚味を増し、白鳥町は白山麓の踊りの町としてその名を、さらに知られることになると思われる。

2015 年ポスター

参考文献

江戸府内絵本風俗往来……………菊池貴一郎著　青蛙房出版………………………２００３年
江戸年中行事図聚…………………三谷一馬著…中央公論新社……………………１９９８年
歴史と旅・三百諸侯の城下町総覧……………………秋田書店……………………………１９８８年
郷土舞踊と盆踊……………………小寺融吉著…桃蹊書房…………………………１９４１年
盆踊り・乱交の民俗学……………下川耿史著…作品社……………………………２０１１年
年中行事辞典………………………田中宣一他編　三省堂……………………………１９９９年
日本思想体系 蓮如と一向一揆 ……笠原一男他校注岩波書店……………………１９７２年
仏教民俗学…………………………山折哲雄著…講談社……………………………１９９３年
越前石徹白民俗史・その他………宮本常一著…未来社……………………………１９９２年
お盆のはなし………………………蒲池勢至著…法蔵館……………………………２０１２年
伊勢古市考…………………………野村可通著…三重県郷土資料刊行会…………１９７１年
宇治山田史…………………………宇治山田市役所編　……………………………１９２９年
伊勢市史……………………………伊勢市役所編…………………………………２００７年
伊勢の百話…………………………郡敏子著……古川書房…………………………１９８３年

郡上八幡町史 通史・史料編 ………八幡町役場編 臨川書店 ……………………………１９６０年
郡上郡史（合本）………………………大衆書房 ……………………………………………１９２２年
白鳥町史 通史・史料編 ………白鳥町教育委員会編
明方村史 通史・史料編 ………明方村教育委員会編
美並村史 通史・史料編 ………美並村教育委員会編
和良村史 通史・史料編 ………和良村教育委員会編
大和村史 通史・史料編 ………大和村編
高鷲村史 通史・史料編 ………山川新輔著 …高鷲村役場
郡上おどり……………………郡上おどり保存会・八幡地域振興事務所 ……２００５年
郡上おどり……………………郡上八幡観光協会 ………………………………２０１２年
郡上の民謡……………………寺田敬蔵著 …郡上史談会 ………………………１９９７年
続 郡上の祭り ………………寺田敬蔵著 …郡上史談会 ………………………１９７７年
歴史でみる郡上おどり………郡上おどり史編纂委員会編 ……………………１９９３年
遊 歩……………………………編集工房あゆみ編 ………………………………２００１年
白鳥踊り保存会 五十年史 ……五十年史編纂部会編 ……………………………１９９７年
ぎふ・奥美濃白鳥おどり………白鳥町観光協会・農林商工課

奥美濃白鳥おどり……………白鳥踊り保存会……………………2001年
白山民謡文化圏の盆踊り歌……………村中利男著　…民俗芸能…………………1986年
石徹白の民謡と盆踊り……………星野紘著　……民俗芸能…………………1993年
盆踊りの昔の問題……………星野紘著　……民俗音楽研究……………2011年
徳島城下の盆踊り……………高橋啓著
阿波踊り―歴史・文化・伝統……第22回国民文化祭徳島市実行委員会事務局　2007年
同右……………………………………………………………………1994年
元禄期徳島城下における盆踊りの隆盛とその背景
……………………………三好昭一郎著　鷹陵史学……………2003年
盆踊りの研究Ⅲ……………小林直弥著　…日本大学芸術学部紀要………2011年
盆踊り唄……………杉本伊佐美著　福井県郷土史懇談会……1973年
福井県の民謡……………福井県教育委員会編・福井民俗の会発行
穴馬の民謡集……………穴馬民謡踊り保存会編　………………2013年
いずみ村のわらべ歌・民謡……和泉村教育委員会編　………………1976年

年譜

養老元年 (717)	泰澄大師、白山を開く
文明三年 (1471)	本願寺八世蓮如上人、越前の吉崎に御坊を建立。
永禄二年 (1559)	郡上領主遠藤盛数、八幡城の築城。
慶安三年 (1650)	三代将軍徳川家光、盆踊りに関する通達を出す。
寛文七年 (1667)	八幡城主遠藤常友、八幡城下の町割りに着手。
延宝五年 (1677)	江戸で「盆踊り」がブームとなる。
延宝五年 (1677)	幕府、盆踊り禁止令を出す。
天和二年 (1682)	郡上北部の集落で「懸踊」が踊られる。
貞享二年 (1685)	幕府、盆踊り禁止令を出す。
元禄五年 (1692)	遠藤氏に代わり井上氏が郡上城主となる。
元禄十年 (1697)	井上氏に代わり金森氏が藩主となる。
享保八年 (1723)	郡上藩、長滝白山神社の盆踊りに停止命令を出す。
延享元年 (1744)	祖師野・九頭の宮にて盆踊りの記載。
宝暦四年 (1754)	郡上一円で大規模な百姓一揆 (郡上一揆) が起こる。
宝暦六年 (1756)	徳島藩、「組踊り」を華麗であるとの理由で規制。
宝暦八年 (1758)	郡上一揆の収束。
宝暦八年 (1758)	丹波宮津から青山氏が郡上藩主として入部。
安永五年 (1776)	藩主青山氏の借金に町方が連帯保証人となる。
寛政二年 (1780)	八幡城下の名主、岸剣宮祭礼で「子供花踊」開催の願いを申請。
寛政八年 (1796)	徳島藩、「組踊り」を全面的に禁止。
天明八年 (1788)	全国的な饑饉が発生、農民の困窮。
寛政二年 (1790)	郡上藩の許可の下、岸剣宮の祭礼で「子供花踊り」の奉納。
享和元年 (1801)	郡上市白鳥町大島の宝林寺で盆踊りが行われる。
文化三年 (1806)	名主が下駄履きで八幡城下の盆踊りを見回り、藩からの咎め。
文化三年 (1806)	白鳥町為真村の神社で盆踊り、痴話喧嘩が起こる。
文化五年 (1808)	郡上藩士と足軽、日吉神社の山王祭礼の稽古見物により処分。
文化七年 (1810)	盆踊りについての藩士へ「慎み」の通知。
文政十二年 (1829)	郡上藩士、稲荷宮の祭礼で踊りを行い、処分される。
文政十三年 (1830)	長滝白山神社の盆踊りが盛況との記載。
天保十一年 (1840)	八幡城下の盆踊り、三日間許可の記載。
天保十二年 (1841)	徳島藩主蜂須賀家の一族の重臣が踊りに出向き、改易処分。
天保十三年 (1842)	徳島藩は城下の盆踊りを盆の三日間に限り赦免すると通知。
天保十四年 (1843)	郡上市大和町の盆踊りで喧嘩。
安政四年 (1857)	長滝白山神社の盆踊りが淋しいとの記載。
文久二年 (1862)	郡上藩、家臣に盆踊り「御法度」の通達制度を廃止。
文久二年 (1862)	長滝白山神社の盆踊りが淋しいとの記載。
明治元年 (1868)	長滝白山神社、神仏分離令により白山神社と長滝寺に分離。
明治三年 (1870)	群馬県が全国に先駆けて盆踊り禁止令を出す。
明治七年 (1874)	岐阜県、盆踊り禁止令を出す。
明治十五年 (1882)	岐阜県、盆踊りを風紀を乱すものとして厳禁。
大正十一年 (1922)	「郡上踊保存会」が設立。
昭和六年 (1931)	満州事変が勃発。
昭和十六年 (1941)	大政翼賛会郡上支部など、「郷土娯楽盆踊ニ関スル件」の通達。
昭和二十二年 (1947)	「白鳥踊り保存会」設立。
昭和四十八年 (1973)	「郡上踊り」、国選択芸能無形重要文化財に指定。
平成八年 (1996)	「白鳥の拝殿踊り」、白鳥町重要無形文化財に指定。
平成八年 (1996)	「郡上踊り」、国重要無形民俗文化財に指定。
平成十三年 (2001)	「白鳥の拝殿踊り」、岐阜県重要無形民俗文化財に指定。
平成十五年 (2003)	「白鳥の拝殿踊り」、国選択無形民俗文化財に指定。
平成十六年 (2004)	旧郡上郡七町村が合併、郡上市が発足。

岐阜県郡上市：郡上八幡と白鳥町

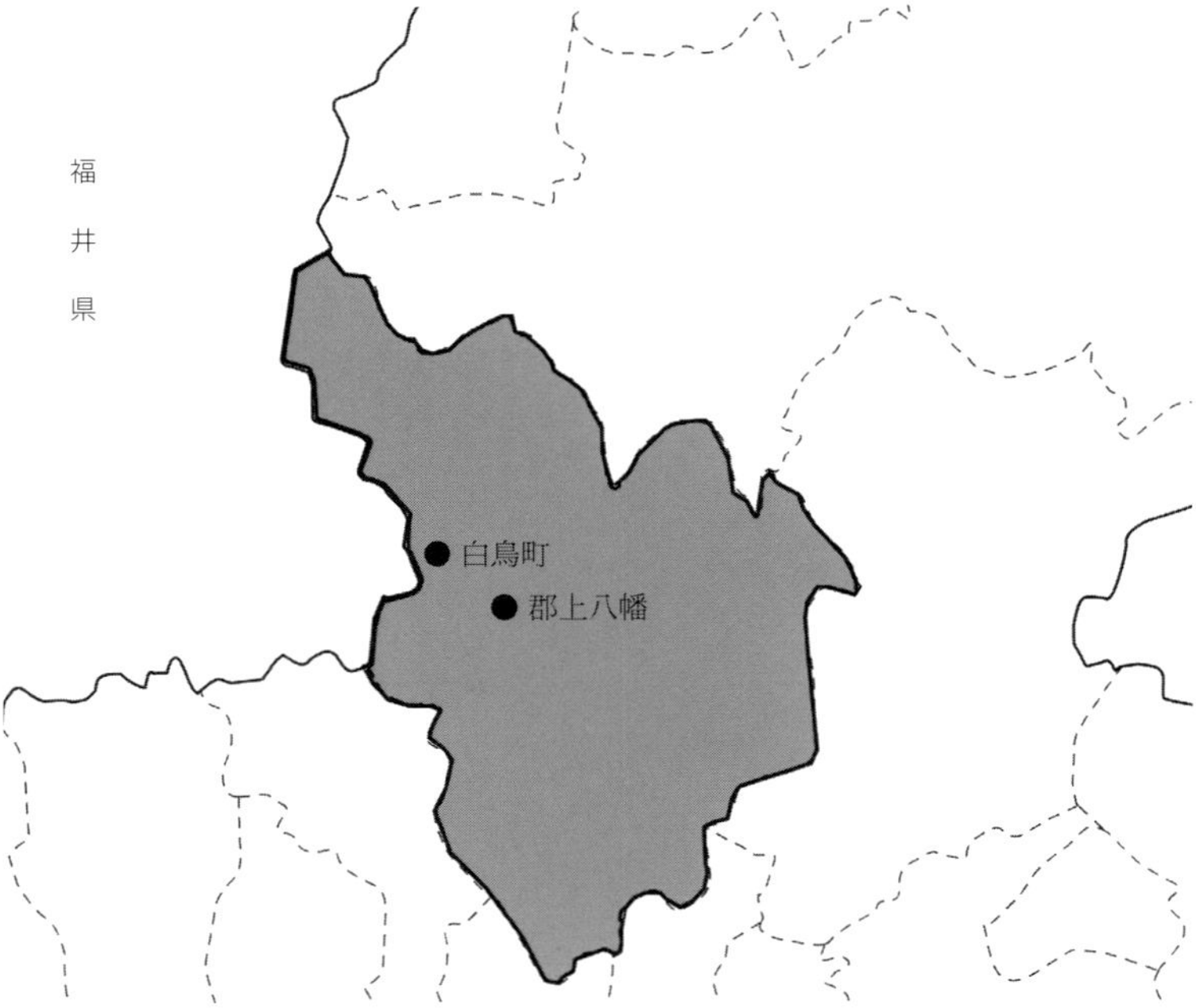

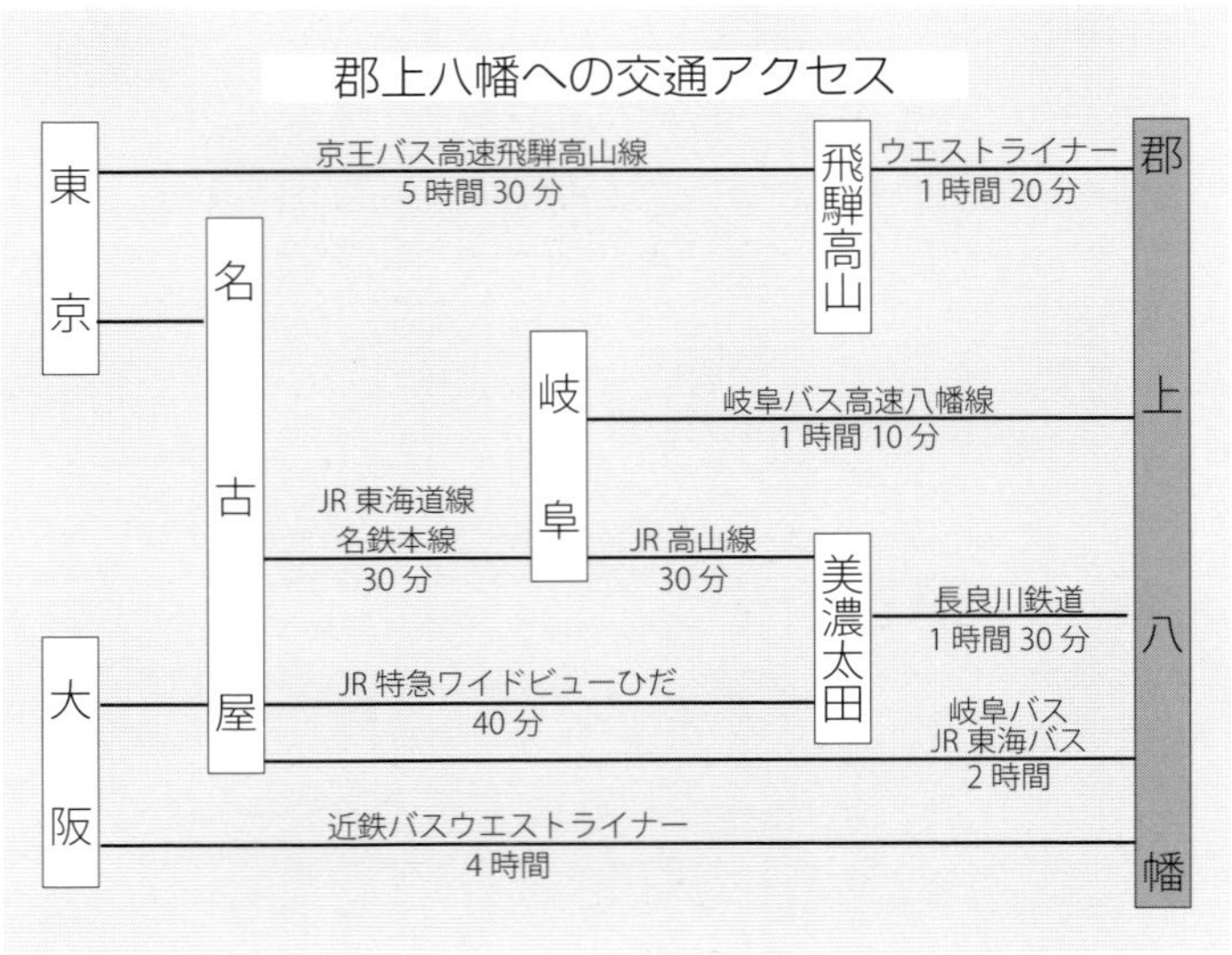

あとがき

本書の完成までに多くの方々のご厚意、ご配慮をいただきました。

「拝殿踊り保存会」の見付義勝会長、「白鳥踊り保存会」の正者英雄会長、元会長の内ケ島喜造氏、同野崎信雄氏、「郡上おどり保存会」の藤田政光会長にはひとかたならぬご指導、ご助言を賜りました。

また、雄山閣の安齋利晃様にはしばしば時間を割いていただき、ご助言をいただきました。

紙面を借りて篤くお礼を申し上げます。

写真提供や写真・ポスター掲載許可をいただいた関係各位様は次のとおりです。（敬称略・順不同）

郡上八幡観光協会	岐阜県郡上市八幡町島谷
郡上八幡博覧館	岐阜県郡上市八幡町殿町
白鳥観光協会	岐阜県郡上市白鳥町向小駄良
水野政雄	岐阜県郡上市八幡町
白鳥踊り保存会	岐阜県郡上市白鳥町白鳥
徳島市観光協会	徳島市山城町東浜傍示
秋田県雄勝郡羽後町役場	秋田県雄勝郡羽後町西馬音内

【著者紹介】

曽我孝司（そが　たかし）

昭和24年、岐阜県に生まれる。

昭和48年、早稲田大学第一文学部社会学科卒業。

同年、岐阜県立高校社会科教員となり、大垣工業高等学校、加納高等学校、岐阜県博物館、岐阜高等学校、東濃高等学校等に勤務。

郡上市文化財保護審議会委員、芸能学会会員、東海能楽研究会会員。

【主な著作】
『ふるさとの能面と芸能を訪ねて』2012年
『世阿弥の能改革～稽古は強かれ、情識はなかれ～』2009年
『戦国武将と能』2006年
『白山信仰と能面』2003年
以上、雄山閣刊。
『美濃の能～白山に抱かれて』岐阜新聞社、1999年

平成28年7月30日 初版発行　《検印省略》

郡上踊《ぐじょうおど》りと白鳥踊《しろとりおど》り ―白山麓《はくさんろく》の盆踊《ぼんおど》り―

著　者　曽我孝司
発行者　宮田哲男
発行所　株式会社 雄山閣
〒102-0071　東京都千代田区富士見２－６－９
電話 03-3262-3231㈹　FAX 03-3262-6938
http://www.yuzankaku.co.jp
E-mail　info@yuzankaku.co.jp
振替：00130-5-1685
印刷製本　株式会社ティーケー出版印刷

ISBN978-4-639-02432-3　C0026
N.D.C.215　160p　19cm

既刊のご案内

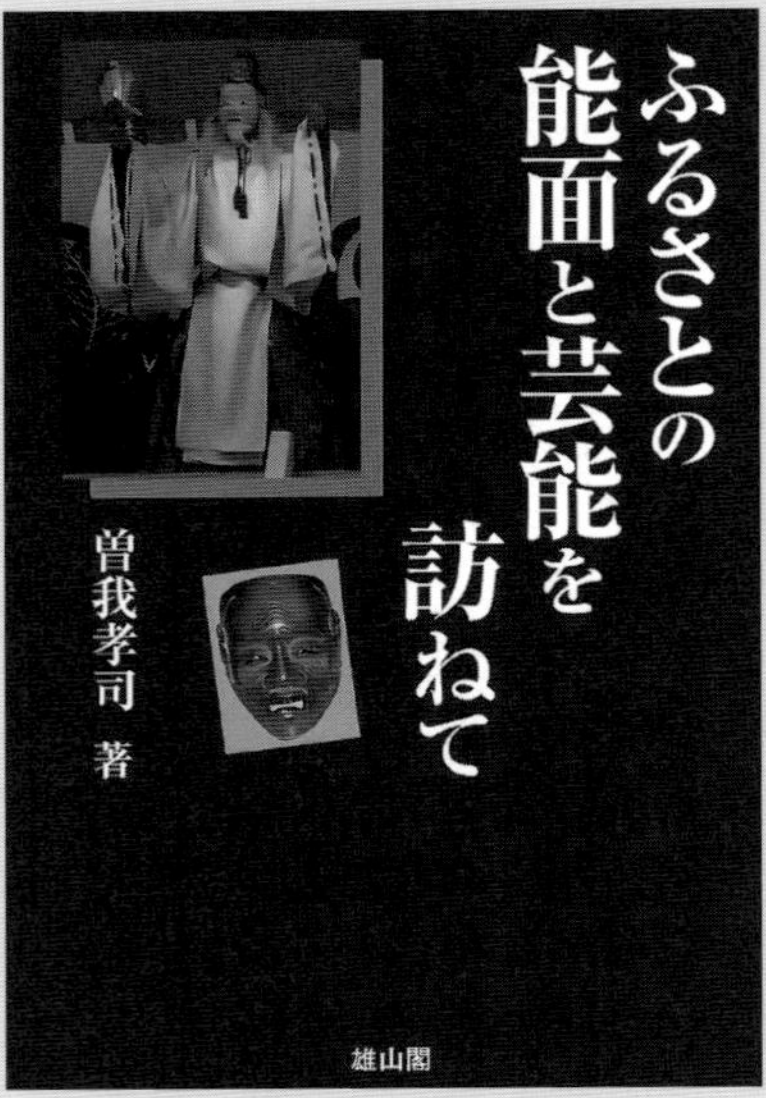

ふるさとの能面と芸能を訪ねて

曽我孝司 著
定価（本体 2,600 円 + 税）
ISBN 978-4-639-02247-3
167 頁

地元で制作された素朴な能面、白山信仰にささえられた集落の芸能、神事芸能が今なお受け継がれているのはなぜか。奈良県東山中、福井県若狭地方、岐阜県能郷白山麓、石川県能登地方などを訪ね、庶民の願いを反映する宗教性と庶民に慰労と楽しみを与える娯楽性をもつ神事芸能の姿を追う。

世阿弥の能改革

曽我孝司 著
定価（本体 2,400 円 + 税）
ISBN 978-4-639-02116-2
155 頁

能を極限まできわめ、大成していった世阿弥は、何を理想としたのか。観阿弥・世阿弥の親子二代の能改革と観世座の盛衰を背景に、『風姿花伝』に代表される著作から世阿弥の芸道論・教育論にせまる。

場所踊り

輪踊り、時計廻り、歌から踊り始める

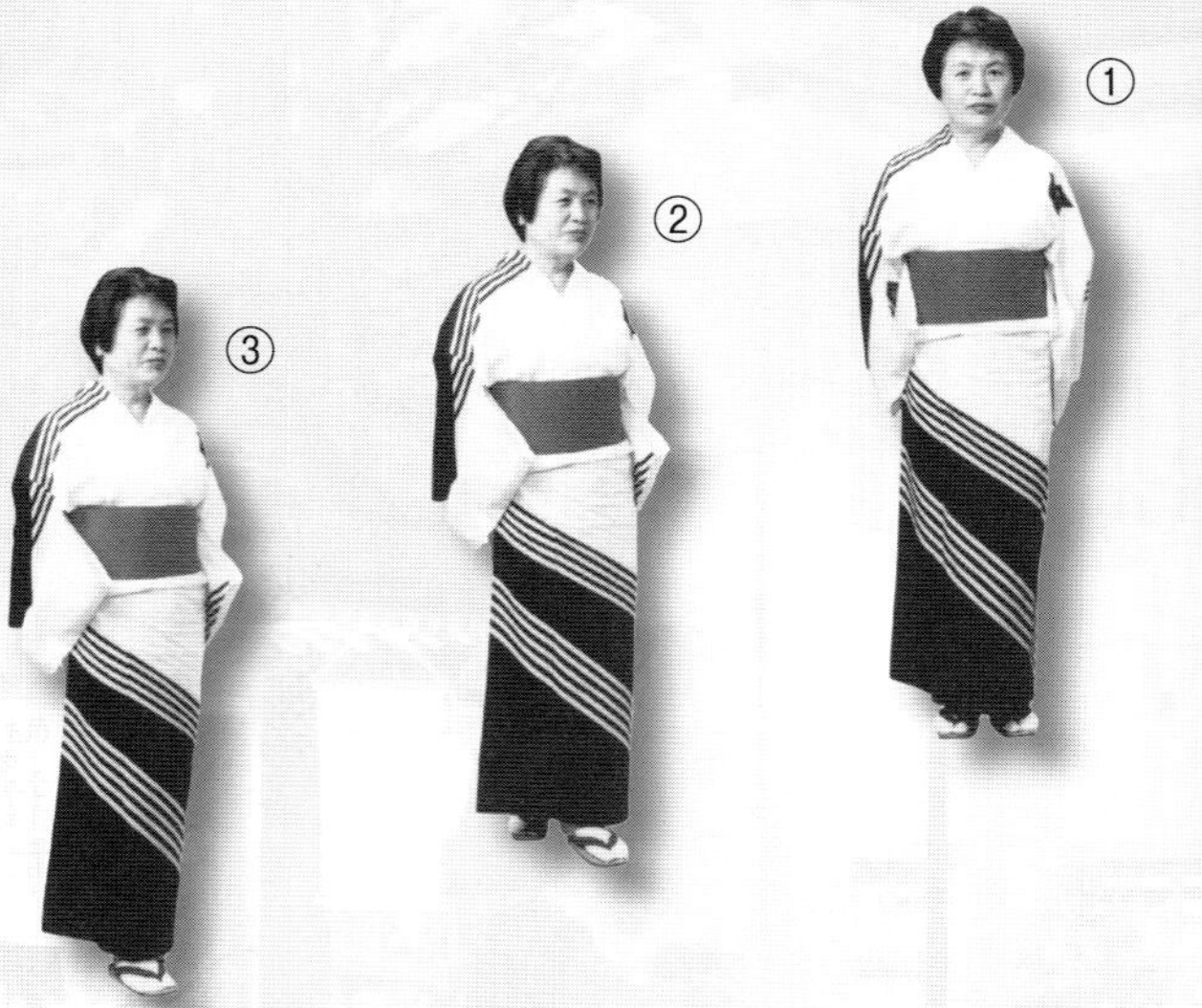

①両手は後ろで組む

②左足を地位抱く踏みだし、その反動で右足のかかとを浮かす。

③右足を小さく踏み出し、その反動で左足を浮かす。

④浮かした左足を前に蹴るように出す。

⑤反動で右足を斜め左後へ小さく下がる。

⑥右足を浮かし右前を蹴るように出す。

⑦反動で左後の方へ半歩下がる。

＊①から繰り返す。